ELEMENTOS DE SEMIOLOGIA

ROLAND BARTHES

ELEMENTOS DE SEMIOLOGIA

Tradução
Izidoro Blikstein

Editora
Cultrix

Título original: *Élément de Sémiologie.*
Copyright © 1964 Éditions du Seuil, Paris.
Copyright da edição brasileira © 1971 Editora Pensamento-Cultrix Ltda.
Texto de acordo com as novas regras ortográficas da língua portuguesa.

19ª edição 2012.
3ª reimpressão 2020.

Todos os direitos reservados. Nenhuma parte deste livro pode ser reproduzida ou usada de qualquer forma ou por qualquer meio, eletrônico ou mecânico, inclusive fotocópias, gravações ou sistema de armazenamento em bancos dev dados, sem permissão por escrito, exceto nos casos de trechos curtos citados em resenhas críticas ou artigo de revistas.

A Editora Cultix não se responsabiliza por eventuais mudanças ocorridas nos endereços convencionais ou eletrônicos citados neste livro.

Coordenação editorial: Poliana Magalhães Oliveira
Revisão: Cristiane Maruyama

Dados Internacionais de Catalogação na Publicação (CIP)
(Câmara Brasileira do Livro, SP, Brasil)

Barthes, Roland
    Elementos de semiologia / Roland Barthes:
tradução de Izidoro Blikstein. - 19. ed. -
São Paulo: Cultrix, 2012.

    Título original: Éléments de Sémiologie.
    Bibliografia.
    ISBN: 978-85-316-0142-2
    1.Semântica 1. Título.

06-1370   CDD-41043

Índice para catálogo sistemático:
1. Semântica: Linguística 410.43

Direitos adquiridos com exclusividade para o Brasil.
EDITORA PENSAMENTO-CULTRIX LTDA.
Rua Dr. Mario Vicente, 368 - 04270-000 - São Paulo, SP
Fone: (11) 2066-9000
E-mail: atendimento@editoracultrix.com.br
http://www.editoracultrix.com.br
que se reserva a propriedade literária desta tradução.
Foi feito o depósito legal.

Sumário

Ao Leitor Brasileiro.................................9
Introdução.................................13

I. Língua e Fala
I.1. *Em Linguística*.................................21
   1. Em Saussure.................................21
   2. A Língua.................................21
   3. A Fala.................................22
   4. Dialética da Língua e da Fala.................................23
   5. Em Hjelmslev.................................25
   6. Problemas.................................26
   7. O Idioleto.................................29
   8. Estruturas Duplas.................................30
I.2. *Perspectivas Semiológicas*.................................32
   1. Língua, Fala e Ciências
   Humanas.................................32
   2. O Vestuário.................................34
   3. A Alimentação.................................36
   4. O Automóvel, o Mobiliário.................................37
   5. Sistemas Complexos.................................39
   6. Problemas (I): Origem dos Sistemas..40
   7. Problemas (II): a Relação Língua/
   Fala.................................41

II. Significado e Significante
II.1. *O Signo*.................................47
   1. A Classificação dos Signos.................................47

2. O Signo Linguístico 50
3. Forma e Substância 51
4. O Signo Semiológico 53
II.2. *O Significado* 55
1. Natureza do Significado 55
2. Classificação dos Significados
Linguísticos 56
3. Os Significados Semiológicos 58
II.3. *O Significante* 60
1. Natureza do Significante 60
2. Classificação dos Significantes 60
II.4. *A Significação* 61
1. A Correlação Significativa 61
2. Arbitrariedade e Motivação
em Linguística 63
3. Arbitrariedade e Motivação
em Semiologia 65
II.5. *O Valor* 68
1. O Valor em Linguística 68
2. A Articulação 70

III. Sintagma e Sistema
III.1. *Os Dois Eixos da Linguagem* 75
1. Relações Sintagmáticas e Associativas
em Linguística 75
2. Metáfora e Metonímia e Jakobson 76
3. Perspectivas Semiológicas 78
III.2. *O Sintagma* 79
1. Sintagma e Fala 79
2. A Descontinuidade 81

3. A Prova de Comutação 82
4. As Unidades Sintagmáticas 84
5. As Pressões Combinatórias 86
6. Identidade e Distância das Unidades
Sintagmáticas 88
III.3. *O Sistema* 89
1. Semelhança e Dessemelhança:
A Diferença 89
2. As Oposições 92
3. A Classificação das Oposições 93
4. As Oposições Semiológicas 99
5. O Binarismo 100
6. A Neutralização 103
7. Transgressões 107

IV. Denotação e Conotação

IV.1. *Os Sistemas Desengatados* 113
IV.2. *A Conotação* 114
IV.3. *A Metalinguagem* 115
IV.4. *Conotação e Metalinguagem* 117

Conclusão: A Pesquisa Semiológica 119
Bibliografia Crítica 123
Índice Semiológico 125

Ao Leitor Brasileiro

A história da Semiologia é curta e, todavia, já bastante rica. Em sua forma francesa, nasceu ela há cerca de uns quinze anos, quando se retomou a postulação feita por Saussure no seu *Curso de Linguística Geral*, a saber: que pode existir, que existirá uma ciência dos signos, que tomaria emprestado da Linguística seus conceitos principais, mas da qual a própria Linguística não passaria de um departamento. Em seus primórdios franceses (que podemos situar à volta de 1956), a tarefa da Semiologia era dupla: de um lado, esboçar uma teoria geral da pesquisa semiológica, de outro elaborar semióticas particulares, aplicadas a objetos, a domínios circunscritos (o vestuário, a alimentação, a cidade, a narrativa, etc.).

Os *Elementos de Semiologia*, que são hoje apresentados ao leitor brasileiro, dizem respeito à primeira dessas tarefas: originariamente, foram organizados em forma oral no primeiro seminário que realizei na Escola Prática de Altos Estudos em 1962-63; foram a seguir publicados em italiano a pedido do grande escritor Elio Vittorini, pouco tempo antes de sua morte. Se recordo aqui o nome desse autor é porque devemos desde logo convencer-nos de que a vocação da Semiologia (eu, pelo menos, penso assim) não é puramente científica, mas relaciona-se com o conjunto do saber e da escritura.

Cumpre, sem dúvida, manejar com precaução os conceitos transmitidos pela Linguística à Semiologia, e é a essa exigência que buscam atender estes *Elementos*: dão-se definições que estão firmadas na ciência linguística (a de Saussure, Hjelmslev, Jakobson, Benveniste: a de Chomsky parece ter pouca influência sobre a Semiologia, a não ser no que concerne à análise da narrativa) e que, no entanto, são sempre levadas até os limites da Linguística, onde o signo é *traduzível* em outros sistemas que não a linguagem articulada. Os *Elementos de Semiologia* propõem um vocabulário, sem o qual a *invenção de pesquisa* não seria possível.

Por outras palavras, cumpre passar por estes *Elementos*, mas não deter-se neles. Cada leitor deve reproduzir em si o movimento histórico que, a partir destas bases necessárias, levou a Semiologia não somente a aprofundar-se (o que é normal), mas também a diversificar-se, fragmentar-se, até mesmo contradizer-se (entrar no campo fecundo das contradições), em suma, *expor-se*. Isso, a Semiologia o pôde fazer porque, jovem ciência recém-esboçada e ainda frágil, buscou ela avidamente, posso dizer, contato com outras ciências, outras disciplinas, outras exigências. Faz dez anos que a Semiologia (francesa) se movimenta consideravelmente: forçada a deslocar-se, a arriscar bastante em cada encontro, manteve ela um diálogo constante e transformador com: o estruturalismo etnológico (Lévi-Strauss), a análise das formas literárias (os formalistas russos, Propp), a Psicanálise (Lacan), a Filosofia (Derrida), o marxismo (Althusser), a teoria do Texto (Sollers,

Ao Leitor Brasileiro

Julia Kristeva). É toda esta fulguração ardente, frequente, por vezes polêmica, arriscada, que se deve ler retrospectivamente na história da Semiologia: sendo precisamente a linguagem que questiona continuamente a linguagem, ela honra, por natureza, as duas tarefas que Brecht assinalava ao intelectual neste período da História: *liquidar* (as antigas ideologias) e *teorizar* (o novo saber, o novo agente, a nova relação social). Isto é, qualquer que seja a exigência científica de que se deva investir a pesquisa semiológica, essa pesquisa tem *imediatamente, no mundo tal como é,* uma responsabilidade humana, histórica, filosófica, política.

Tive muitas vezes a feliz oportunidade de conhecer pesquisadores, estudiosos, escritores brasileiros, pelo que estou convencido de que considerarão estes *Elementos* tão modestos (isto é dito sem nenhum coquetismo) com espírito livre, caloroso, transformador, aquilo que pretendiam ser desde o começo: um ponto de partida.

Setembro de 1971.
ROLAND BARTHES

Introdução

Em seu *Curso de Linguística Geral*, publicado pela primeira vez em 1916, Saussure postulava a existência de uma ciência geral dos signos, ou *Semiologia*, da qual a Linguística não seria senão uma parte. Prospectivamente, a Semiologia tem por objeto, então, qualquer sistema de signos, seja qual for sua substância, sejam quais forem seus limites: imagens, os gestos, os sons melódicos, os objetos e os complexos dessas substâncias que se encontram nos ritos, protocolos ou espetáculos, se não constituem "linguagens", são, pelo menos, sistemas de significação. É certo que o desenvolvimento das comunicações de massa dá hoje uma grande atualidade a esse campo imenso da significação, exatamente no momento em que o êxito de disciplinas como a Linguística, a Teoria da Informação, a Lógica Formal e a Antropologia Estrutural fornecem novos meios à análise semântica. Atualmente, há uma solicitação semiológica oriunda, não da fantasia de alguns pesquisadores, mas da própria história do mundo moderno.

Entretanto, embora a ideia de Saussure tenha progredido muito, a Semiologia investiga-se lentamente. A razão disto é simples, talvez: Saussure, retomado pelos principais semiólogos, pensava que a Linguística era apenas uma parte da ciência geral dos signos. Ora, não é absolutamente certo que existam, na vida social de nosso tempo, outros sistemas de signos de certa amplitude, além da linguagem humana. A

Semiologia só se ocupou, até agora, de códigos de interesse irrisório, como o código rodoviário; logo que passamos a conjuntos dotados de uma verdadeira profundidade sociológica, deparamos novamente com a linguagem. Objetos, imagens, comportamentos podem significar, claro está, e o fazem abundantemente, mas nunca de uma maneira autônoma; qualquer sistema semiológico repassa-se de linguagem. A substância visual, por exemplo, confirma suas significações ao fazer-se repetir por uma mensagem linguística (é o caso do cinema, da publicidade, das historietas em quadrinhos, da fotografia de imprensa etc.), de modo que ao menos uma parte da mensagem icônica está numa relação estrutural de redundância ou revezamento com o sistema da língua; quanto aos conjuntos de objetos (vestuário, alimentos), estes só alcançam o estatuto de sistemas quando passam pela mediação da língua, que lhes recorta os significantes (sob a forma de nomenclaturas) e lhes denomina os significados (sob a forma de usos ou razões); nós somos, muito mais do que outrora e a despeito da invasão das imagens, uma civilização da escrita. Enfim, de um modo muito mais geral, parece cada vez mais difícil conceber um sistema de imagens ou objetos, cujos *significados* possam existir fora da linguagem: perceber o que significa uma substância é, fatalmente, recorrer ao recorte da língua: sentido só existe quando denominado, e o mundo dos significados não é outro senão o da linguagem.

Assim, apesar de trabalhar, de início, com substâncias não linguísticas, o semiólogo é levado a encontrar, mais cedo ou mais tarde, a linguagem (a "verdadeira") em seu caminho, não só a título de modelo mas também a título de componentes, de mediação ou de significado. Essa linguagem, entretanto, não é exatamente a dos linguistas: é uma segunda linguagem, cujas unidades não são mais os monemas ou os fonemas, mas fragmentos mais extensos do discurso; estes remetem a objetos ou episódios que significam *sob* a linguagem, mas nunca sem ela. A Semiologia é talvez, então, chamada a absorver-se numa *translinguística*, cuja matéria será ora o mito, a narrativa, o artigo de imprensa, ora os objetos de nossa civilização, tanto quanto sejam *falados* (por meio da imprensa, do prospecto, da entrevista, da conversa e talvez mesmo da linguagem interior, de ordem fantasmática). É preciso, em suma, admitir desde agora a possibilidade de revirar um dia a proposição de Saussure: a Linguística não é uma parte, mesmo privilegiada, da ciência geral dos signos: a Semiologia é que é uma parte da Linguística; mais precisamente, a parte que se encarregaria das *grandes unidades significantes* do discurso. Daí surgiria a unidade das pesquisas levadas a efeito atualmente em Antropologia, Sociologia, Psicanálise e Estilística acerca do conceito de significação.

Solicitada algum dia sem dúvida a transformar-se, a Semiologia deve entretanto, primeiramente, quando se constituir, pelo menos *ensaiar-se*, explorar suas possibilidades – e suas impossibilidades. Só se pode fazer isto a partir de uma informação preparatória. Ora, é preciso aceitar de antemão que essa informação seja, ao mesmo tempo, tímida e temerária: tímida porque o saber semiológico não pode ser, atualmente, senão uma cópia do saber linguístico; temerária porque esse saber deve aplicar-se já, pelo menos em projeto, a objetos não linguísticos.

Os *Elementos* aqui apresentados não têm outro objetivo que não seja tirar da Linguística os conceitos analíticos[1] a respeito dos quais se pensa *a priori* serem suficientemente gerais para permitir a preparação da pesquisa semiológica. Não conjeturamos, ao reuni-los, se subsistirão intactos no decurso da pesquisa; nem se a Semiologia deverá sempre seguir estreitamente o modelo linguístico[2]. Contentamo-nos com propor e esclarecer uma terminologia, desejando que ela permita introduzir uma ordem inicial (mesmo provisória) na massa heteróclita dos fatos significantes: trata-se, em suma, de um princípio de classificação de questões.

Agruparemos, pois, estes Elementos de Semiologia sob quatro grandes rubricas, oriundas da Linguística Estrutural: I. *Língua e Fala*; II. *Significado e Significante*; III. *Sintagma e Sistema*; IV. *Denotação e Conotação*. Estas rubricas, percebe-se, apresentam-se sob forma dicotômica; observaremos que a classificação binária dos conceitos parece frequente no pen-

---

1 "Um conceito, certamente, não é uma coisa, mas não é tampouco somente a consciência de um conceito. Um conceito é um instrumento e uma história, isto é, um feixe de possibilidades e de obstáculos envolvido num mundo vivido." (G. G. Granger: *Méthodologie Économique*, p. 23).
2 Perigo sublinhado por Claude Lévi-Strauss, *Antropologie Structurale*, p. 58 [*Antropologia Estrutural*, trad. de Chaim Samuel Katz e Eginardo Pires. Rio de Janeiro, Tempo Brasileiro, 1967].

Introdução

samento estrutural[3], como se a metalinguagem do linguista reproduzisse "em abismo" a estrutura binária do sistema que descreve; e indicaremos, de passagem, que seria muito instrutivo, sem dúvida, estudar a preeminência da classificação binária no discurso das ciências humanas contemporâneas; a taxinomia dessas ciências, se fosse bem conhecida, informaria certamente a respeito daquilo que se poderia chamar o imaginário intelectual de nossa época.

---

3   Esse traço foi notado (com suspeição) por M. COHEN ("Linguistique moderne et idealisme", in: *Recherches Intern.*, maio, 1958, nº 7).

I

Língua
e
Fala

I.1. Em Linguística

I.1.1. O conceito (dicotômico) de *Língua/Fala* é central em Saussure e constituiu certamente uma grande novidade com relação à Linguística anterior, preocupada com procurar as causas da mudança histórica nos deslizamentos de pronúncia, nas associações espontâneas e na ação da analogia, e que era, por conseguinte, uma Linguística do ato individual. Para elaborar esta célebre dicotomia, Saussure partiu da natureza "multiforme e heteróclita" da Linguagem, que se revela à primeira vista como uma realidade inclassificável[4], cuja unidade não se pode isolar, já que participa, ao mesmo tempo, do físico, do fisiológico e do psíquico, do individual e do social. Pois essa desordem cessa se, desse todo heteróclito, se abstrai um puro objeto social, conjunto sistemático das convenções necessárias à comunicação, indiferente à *matéria* dos sinais que o compõem, e que é a *língua*, diante de que a *fala* recobre a parte puramente individual da linguagem (fonação, realização das regras e combinações contingentes de signos).

I.1.2. A *Língua* é então, praticamente, a linguagem menos a Fala: é, ao mesmo tempo, uma instituição social e um sistema

---

4   Observe-se que a primeira definição de língua é de ordem taxinômica: é um princípio de classificação.

de valores. Como instituição social, ela não é absolutamente um ato, escapa a qualquer premeditação; é a parte social da linguagem; o indivíduo não pode, sozinho, nem criá-la nem modificá-la. Trata-se essencialmente de um contrato coletivo ao qual temos de submeter-nos em bloco se quisermos comunicar; além disto, este produto social é autônomo, à maneira de um jogo com as suas regras, pois só se pode manejá-lo depois de uma aprendizagem. Como sistema de valores, a Língua é constituída por um pequeno número de elementos de que cada um é, ao mesmo tempo, um *vale-por* e o termo de uma função mais ampla onde se colocam, diferencialmente, outros valores correlativos; sob o ponto de vista da língua, o signo é como uma moeda[5]: esta vale por certo bem que permite comprar, mas vale também com relação a outras moedas, de valor mais forte ou mais fraco. O aspecto institucional e o aspecto sistemático estão evidentemente ligados: é porque a língua é um sistema de valores contratuais (em parte arbitrários, ou, para ser mais exato, imotivados) que resiste às modificações do indivíduo sozinho e que, consequentemente, é uma instituição social.

I.1.3. Diante da língua, instituição e sistema, a *Fala* é essencialmente um ato individual de seleção e atualização; constituem-na, primeiro, as "combinações graças às quais o falante pode utilizar o código da língua com vistas a exprimir o pensamento pessoal" (poder-se-ia chamar de *discurso* esta fala desdobrada), e

---

5   Cf. *infra*, II.5.1.

depois os "mecanismos psicofísicos que lhe permitem exteriorizar estas combinações"; é certo que a fonação, por exemplo, não pode ser confundida com a Língua: nem a instituição nem o sistema são alterados, se o indivíduo que a eles recorre fala em voz alta ou baixa, conforme uma elocução lenta ou rápida etc. O aspecto combinatório da Fala é evidentemente capital, pois implica que a Fala se constitui pelo retorno de signos idênticos: é porque os signos se repetem de um discurso a outro e num mesmo discurso (embora combinados segundo a diversidade infinita das palavras) que cada signo se torna um elemento da Língua; é porque a Fala é essencialmente uma combinatória que corresponde a um ato individual e não a uma criação pura.

I.1.4. Língua e Fala: cada um destes dois termos só tira evidentemente sua definição plena do processo dialético que une um ao outro: não há línguas em fala e não há fala fora da língua; é nessa troca que se situa a verdadeira *praxis* linguística, como o indicou Maurice Merleau-Ponty. "A Língua", também disse V. Brondal[6], "é uma entidade puramente abstrata, uma norma superior aos indivíduos, um conjunto de tipos essenciais, que realiza a fala de modo infinitamente variável". Língua e Fala estão, portanto, numa relação de compreensão recíproca; de um lado, a Língua é "o tesouro depositado pela prática da Fala nos indivíduos pertencentes a uma mesma comunidade", e, por ser uma soma coletiva de marcas individuais, ela só

---

6   *Acta Linguistica*, I, 1, p. 5

pode ser incompleta no nível de cada indivíduo isolado; a Língua existe perfeitamente apenas na "massa falante". Só podemos manejar uma fala quando a destacamos na língua; mas, por outro lado, a língua só é possível a partir da fala: historicamente, os fatos de fala precedem sempre os fatos de língua (é a fala que faz a língua evoluir), e, geneticamente, a língua constitui-se no indivíduo pela aprendizagem da fala que o envolve (não se ensina a gramática e o vocabulário, isto é, a língua, de um modo geral, aos bebês). A Língua é, em suma, o produto e o instrumento da Fala, ao mesmo tempo: trata-se realmente, portanto, de uma verdadeira dialética. Notaremos (fato importante quando passarmos às perspectivas semiológicas) que não poderia haver (para Saussure, pelo menos) uma linguística da Fala, pois qualquer fala, desde que tomada como processo de comunicação, *já* é língua: só há ciência da Língua. Isto afasta de pronto duas questões: é inútil perguntar-se se cumpre estudar a fala *antes* da língua; a alternativa é impossível e só se pode estudar imediatamente a fala no que ela tem de linguístico (de "glótico"). É igualmente inútil perguntar-se, *primeiro*, como separar a língua da fala: não se trata aí de uma diligência prévia, mas, muito ao contrário, da própria essência da investigação linguística (e semiológica, mais tarde): separar a língua da fala é, *de um só lance*, estabelecer o processo do sentido.

Língua e Fala

I.1.5. Hjelmslev[7] não subverteu a concepção saussuriana da *Língua/Fala*, mas redistribuiu-lhe os termos de maneira mais formal. Na língua em si (que fica sempre oposta ao ato da fala), Hjelmslev distingue três planos: 1) o *esquema*, que é a língua como forma pura (Hjelmslev hesitou em dar a esse plano o nome de "sistema", *pattern* ou "armação"): trata-se da língua saussuriana, no sentido rigoroso do termo; será, por exemplo, o *r* francês definido fonologicamente por seu lugar numa série de oposições; 2) a *norma*, que é a língua como forma material, já definida por certa realização social, mas independente ainda dos pormenores dessa manifestação: será o *r* do francês oral, seja qual for sua pronúncia (mas não o do francês escrito); 3) o *uso*, que é a língua como conjunto de hábitos de uma determinada sociedade: será o *r* de certas regiões. Entre fala, uso, norma e esquema, as relações de determinação são variadas: a norma determina o uso e a fala; o uso determina a fala mas também é por ela determinado; o esquema é determinado, ao mesmo tempo, pela fala, pelo uso e pela norma. Vemos aparecer assim, de fato, dois planos fundamentais: 1) o *esquema*, cuja teoria se confunde com a teoria da forma[8] e da instituição; 2) o grupo *Norma-Uso-Fala*, cuja teoria se confunde com a teoria da substância[9] e da execução; como – segundo Hjelmslev – a norma é uma pura abstração de método e a fala uma simples concretização ("um docu-

---

7   L. HJELMSLEV: *Essais Linguistiques*, Copenhague, 1959, p. 69 e ss.
8   Cf. *infra*, II.1.3.
9   Cf. *infra*, II.1.3.

mento passageiro"), reencontra-se, para terminar, uma nova dicotomia, *Esquema/Uso*, que se substitui ao par *Língua/Fala*. O remanejamento hjelmsleviano, entretanto, não é indiferente: ele formaliza radicalmente o conceito de Língua (sob o nome de *esquema*) e elimina a fala concreta em proveito de um conceito mais social, o *uso*; formalização da língua, socialização da fala, este movimento permite passarmos todo o "positivo" e o "substancial" para o lado da fala, todo o diferencial para o lado da língua, o que é vantajoso, como veremos daqui a pouco, por levantar uma das contradições colocadas pela distinção saussuriana da Língua e da Fala.

I.1.6. Seja qual for sua riqueza, seja qual for o proveito que dela se possa tirar, tal distinção não há, na verdade, sem colocar alguns problemas. Indicaremos aqui três deles. O primeiro é o seguinte: será que se pode identificar a língua com o código e a fala com a mensagem? Esta identificação é impossível segundo a teoria hjelmsleviana; Pierre Guiraud a recusa, porque, segundo ele, as convenções do código são explícitas e as da língua são implícitas[10], mas ela é certamente aceitável na perspectiva saussuriana, e André Martinet a leva em conta[11]. Análogo problema pode ser colocado ao interrogarmo-nos a respeito das relações entre a fala e o sintagma[12]; a fala,

---

10   "La mécanique de l'analyse quantitative en linguistique", in: *Études de Linguistique Appliquée*, 2, Didier, p. 37.

11   A. Martinet: *Éléments de Linguistique Générale*, Armand Colin, 1960, p. 30.

12   Cf. *infra*, acerca do sintagma, cap. III.

Língua e Fala

já o vimos, pode ser definida, além das amplitudes da fonação, como uma combinação (variada) de signos (recorrentes); no nível da língua em si, todavia, já existem certos sintagmas cristalizados (Saussure cita uma palavra composta como *magnanimus*); o limiar que separa a língua da fala pode então ser frágil, já que é aqui constituído por "certo grau de combinação". E eis introduzida desde então a análise dos sintagmas cristalizados, de natureza linguística (glótica) todavia, visto que se oferecem em bloco à variação paradigmática (Hjelmslev denomina tal análise a morfossintaxe); Saussure notara esse fenômeno de passagem: "Há também, provavelmente, toda uma série de frases pertencentes à língua, as quais o indivíduo não tem mais de combinar por si mesmo[13]." Se esses estereótipos pertencem à língua, e não mais à fala, e se se verificou que numerosos sistemas semiológicos os utilizam, trata-se então de uma verdadeira *linguística do sintagma*, que se deve prever, necessária para todas as "escrituras" fortemente estereotipadas. O terceiro problema, enfim, que indicaremos aqui, concerne às relações entre a língua e a pertinência (isto é, do elemento propriamente significante da unidade); identificou-se (o próprio Trubetzkoy), às vezes, a pertinência e a língua, rejeitando assim da língua todos os traços não pertinentes, isto é, as variantes combinatórias. Esta identificação, entretanto, causa problema, pois existem variantes combinatórias (dependentes, portanto, à primeira vista, da fala) que são, contudo, *impostas*,

---

13   Saussure, in: R. Godel: *Les Sources Manuscrites du Cours de Linguistique Générale de F. de Saussure*, Droz, Minard, 1957, p. 90.

isto é, "arbitrárias"; em francês, é imposto pela língua que o *l* seja surdo após uma surda (*oncle*) e sonoro após uma sonora (*ongle*), sem que estes fatos deixem de pertencer à simples Fonética (e não à Fonologia); vê-se a consequência teórica: é preciso admitir que, contrariamente à afirmação de Saussure ("na língua só há diferenças"), o que não é diferenciativo possa assim mesmo pertencer à língua (à instituição)? Martinet assim pensa; Frei tenta poupar a Saussure a contradição, ao localizar as diferenças nos *subfonemas*: *p* não seria, em si, diferencial, mas somente, nele, os traços consonântico, oclusivo, surdo, labial etc. Não é exatamente este o momento de tomar partido a respeito de tais problemas; de um ponto de vista semiológico, reter-se-á a necessidade de aceitar a existência de sintagmas e de variações não significantes que sejam contudo "glóticas", vale dizer, que pertençam à língua; esta linguística, pouco prevista por Saussure, pode adquirir uma grande importância em qualquer lugar onde reinarem os sintagmas cristalizados (ou estereótipos), o que é sem dúvida o caso das linguagens de massa, e sempre que variações não significantes formarem um corpo de significantes segundos, o que é o caso das linguagens de muita conotação[14]: o *r roulé*[15] é uma simples variação combinatória no nível da denotação, mas na linguagem de teatro, por exemplo, ele ostenta o sotaque camponês e participa,

---

14   Cf. *infra*, cap. IV.
15   Trata-se da vibrante apical, rolada, anterior. No Brasil, um exemplo semelhante seria o *r* com uma articulação retroflexa (o *r* "caipira" do interior de São Paulo), variante da vibrante apical simples. (N. do T.)

consequentemente, de um código, sem o qual a mensagem de "ruralidade" não poderia ser emitida nem percebida.

I.1.7. Para terminar com *Língua / Fala* em Linguística, indicaremos aqui dois conceitos anexos, revelados desde Saussure. O primeiro é o do *idioleto*[16]. O idioleto é "a linguagem enquanto falada por um só indivíduo" (Martinet), ou ainda "o jogo inteiro dos hábitos de um só indivíduo num determinado momento" (Ebeling). Jakobson contestou o interesse desta noção: a linguagem é sempre socializada, mesmo no nível individual, pois, quando se fala a alguém, tenta-se sempre mais ou menos falar sua linguagem, principalmente seu vocabulário ("a propriedade privada, no domínio da linguagem, não existe"): o idioleto seria então uma noção bastante ilusória. Reteremos no entanto que o idioleto pode ser bem útil para designar as seguintes realidades: 1) a linguagem do afásico que não compreende outrem, não recebe uma mensagem conforme seus próprios modelos verbais, sendo esta linguagem, então, um idioleto puro (Jakobson); 2) o "estilo" de um escritor, ainda que o estilo esteja sempre impregnado de certos modelos verbais oriundos da tradição, isto é, da coletividade; 3) podemos, enfim, francamente alargar a noção e definir o idioleto como a linguagem de uma comunidade linguística, isto é, de um grupo de pessoas que interpretam da

---

16   R. Jakobson: "Deux aspects du langage...", in: *Essais de Linguistique Générale*, Éd. du Minuit, 1963, p. 54 [incluído em: Roman Jakobson, *Linguística e Comunicação*, trad. de Izidoro Blikstein e José Paulo Paes, S. Paulo, Cultrix, 1969]. – C. L. Ebeling: *Linguistic Units*, Mouton, Haia, 1960, p. 9. – A. Martinet: *A Functional View of Language*, Oxford, Clarendon Press, 1962, p. 105.

mesma maneira todos os enunciados linguísticos; o idioleto corresponderia então, pouco mais ou menos, ao que tentamos descrever em outra parte sob o nome de *escritura*[17]. De modo geral, as apalpadelas que conceito de idioleto testemunha apenas traduzem a necessidade de uma entidade intermediária entre a fala e a língua (como já o provava a teoria do *uso*, em Hjelmslev), ou, se preferirmos, de uma fala já institucionalizada, mas não ainda radicalmente formalizável, como a língua.

I.1.8. Se aceitamos identificar *Língua/Fala* e *Código/Mensagem*, é preciso mencionar aqui um segundo conceito anexo que Jakobson elaborou sob o nome de *estruturas duplas (duplex structures)*; não insistiremos muito neste ponto, pois a exposição de Jakobson foi retomada em seus *Ensaios de Linguística Geral* (cap. 9). Indicaremos apenas que, sob o nome de *estruturas duplas*, Jakobson estuda certos casos particulares da relação geral *Código/Mensagem*: dois casos de circularidade e dois casos de acavalamento (*overlapping*): 1) discursos acrescentados ou mensagens dentro de uma mensagem (M/M): é o caso geral dos estilos indiretos; 2) nomes próprios: o nome significa qualquer pessoa a quem esse nome é atribuído e a circularidade do código se torna evidente (C/C): *João significa uma pessoa chamada João*; 3) casa de autonímia (*"Cão* é

---

17   *Le Degré Zéro de l'Écriture*, Seuil, 1953 [*O Grau Zero da Escritura*, trad. de Álvaro Lorencini e Anne Anichand, Cultrix, 1971].

uma sílaba"): a palavra é empregada aqui como sua própria designação, a mensagem "acavala-se" sobre o código (M/C); esta estrutura é importante, pois recobre as "interpretações elucidantes", vale dizer, as circunlocuções, os sinônimos e as traduções de uma língua a outra; 4) os *shifters* (ou "engatadores") constituem, indubitavelmente, a mais interessante estrutura dupla; o exemplo mais acessível do *shifter* é dado pelo pronome pessoal (*eu, tu*), "símbolo indicial" que reúne em si o laço convencional e o laço existencial: *eu* só pode, com efeito, representar seu objeto por uma regra convencional (que faz com que *eu* se torne *ego* em latim, *ich* em alemão etc.), mas por outro lado, ao designar o proferidor, só pode referir-se existencialmente à proferição (C/M); Jakobson lembra que os pronomes pessoais por muito tempo passaram por ser a camada mais primitiva da linguagem (Humboldt), mas que, segundo ele, se trata, ao contrário, de uma relação complexa e adulta entre o Código e a Mensagem. Os pronomes pessoais constituem a última aquisição da linguagem infantil e a primeira perda da afasia: são termos de transferência difíceis de se manejar. A teoria dos *shifters* parece pouco explorada ainda; é, entretanto, muito fecundo, *a priori*, observar, se se pode dizer assim, o código às voltas com a mensagem (pois o inverso é muito mais banal); seria talvez (e aí vai apenas uma hipótese de trabalho) junto aos *shifters*, que são, como vimos, símbolos indiciais, segundo a terminologia de Peirce, que se deveria procurar a definição semiológica das mensagens que se situam nas fronteiras da linguagem, sobretudo certas formas de discurso literário.

I.2. Perspectivas Semiológicas

I.2.1. O alcance sociológico do conceito *Língua/Fala* é evidente. Cedo se sublinhou a afinidade manifesta entre a Língua saussuriana e a concepção durkheimiana da consciência coletiva, independente de suas manifestações individuais; postulou-se até uma influência direta de Durkheim sobre Saussure; Saussure teria seguido de perto o debate entre Durkheim e Tarde. Sua concepção da Língua viria de Durkheim e sua concepção da Fala seria uma forma de concessão às ideias de Tarde acerca do individual[18]. Esta hipótese perdeu a atualidade, porque a Linguística desenvolveu sobretudo, dentro da ideia da língua saussuriana, o aspecto de "sistema de valores", o que levou a aceitar a necessidade de uma análise imanente da instituição linguística: imanência que repugna a pesquisa sociológica. Não é então, paradoxalmente, na área da Sociologia que encontraremos o melhor desenvolvimento da noção *Língua/Fala*; e sim na da Filosofia, com Merleau-Ponty, provavelmente um dos primeiros filósofos franceses a ter-se interessado por Saussure, ou porque tivesse retomado a distinção saussuriana sob a forma de uma oposição entre *fala falante* (intenção significativa no estado nascente) e *fala falada* ("fortuna adquirida" pela língua, que lembra bem o *"tesouro"*

---

18 W. Doroszewski: "Langue et Parole", *Odbitka z Prac Filologicznych*, XLV, Varsóvia, 1930, pp. 485-97.

de Saussure)[19], ou porque tivesse alargado a noção, ao postular que qualquer *processo* pressupõe um *sistema*[20]: assim elaborou-se uma oposição doravante clássica entre *acontecimento* e *estrutura*[21], cuja fecundidade se conhece em História[22]. A noção saussuriana teve também, sabe-se, um grande desenvolvimento na área da Antropologia; a referência a Saussure é demasiado explícita na obra inteira de Claude Lévi-Strauss para que seja mister nela insistir; lembraremos somente que a oposição entre o processo e o sistema (entre a Fala e a Língua) se reencontra concretamente na passagem da comunicação das mulheres às estruturas do parentesco; que para Lévi-Strauss a oposição tem um valor epistemológico: o estudo dos fatos da língua depende da interpretação mecanista (no sentido lévi-straussiano, isto é, por oposição ao estatístico) e estrutural, e o estudo dos fatos da fala liga-se ao cálculo das probabilidades (macrolinguística)[23]; por fim, que o caráter *inconsciente* da língua naqueles que nela colhem sua fala, postulado explicitamente por Saussure[24], reencontra-se numa das mais originais e fecundas posições de Claude Lévi-Strauss, a saber que não

---

19   M. MERLEAU-PONTY, *Phénoménologie de la Perception*, 1945, p. 229.
20   M. MERLEAU-PONTY, *Éloge de la Philosophie*, Gallimard, 1953.
21   G. GRANGER, "Événement et structure dans les sciences de l'homme", *Cahiers de l'Inst. de Science Économique Appliquée*, nº 55, maio, 1957.
22   Ver F. BRAUDEL: "Histoire et sciences sociales: la longue durée", in: *Annales*, out.-dez. 1958.
23   *Anthropologie Structurale*, p. 230, e "Les mathématiques de l'homme", in: *Esprit*, out. 1956.
24   "Não há nunca premeditação, nem mesmo meditação ou reflexão acerca das formas, fora do ato, da ocasião da fala, a não ser uma atividade inconsciente, não criadora: a atividade de classificação." (SAUSSURE, *in*: R. GODEL, *op. cit.*, p. 58).

são os conteúdos que são inconscientes (crítica aos arquétipos de Jung), mas as formas, isto é, a função simbólica: ideia próxima da de Lacan, para quem o próprio desejo é articulado como um sistema de significações, o que acarreta, ou deverá acarretar, descrever de novo modo o imaginário coletivo, não por seus "temas", como se fez até agora, mas por suas formas e funções; digamos mais grosseiramente, mas mais claramente: mais por seus significantes do que por seus significados. Vê-se, por estas indicações sumárias, como a noção *Língua/Fala* é rica de desenvolvimentos extra ou metalinguísticos. Postularemos, pois, que existe uma categoria geral *Língua/Fala*, extensiva a todos os sistemas de significação; na falta de algo melhor, conservaremos aqui os termos *Língua* e *Fala*, mesmo se não se aplicarem a comunicações cuja substância não seja verbal.

I.2.2. Vimos que a separação entre a Língua e a Fala constituía o essencial da análise linguística; seria vão, pois, propor logo de saída esta separação para sistemas de objetos, imagens ou comportamentos que ainda não foram estudados sob um ponto de vista semântico. Podemos somente, para alguns dos sistemas propostos, prever que certas classes de fatos pertencerão à categoria *Língua* e outras à categoria *Fala*, dizendo logo que, nessa passagem semiológica, a distinção saussuriana está exposta a modificações, as quais cumprirá precisamente observar. Tomemos o vestuário, por exemplo: impõe-se, sem dúvida, distinguir aqui três sistemas diferentes, conforme a

Língua e Fala

substância envolvida na comunicação. No vestuário *escrito*, ou seja, descrito por um jornal de moda por meio da linguagem articulada, não há "fala", por assim dizer: o vestuário *descrito* jamais corresponde a uma execução individual das regras da moda, mas é um exemplo sistemático de signos e de regras: é uma Língua em estado puro. Segundo o esquema saussuriano, uma língua sem fala seria impossível; o que torna o fato aceitável aqui é que, de um lado, a língua da Moda não emana da "massa falante", mas de um grupo de decisão, que elabora voluntariamente o código, e, de outro lado, que a abstração inerente a qualquer Língua está aqui materializada sob a forma da linguagem escrita: o vestuário de moda (escrito) é Língua no nível da comunicação indumentária e Fala no nível da comunicação verbal. No vestuário *fotografado* (supondo que, para simplificar, ele não é traduzido por uma descrição verbal), a Língua se origina sempre do *fashion-group*, mas não mais se apresenta em sua abstração, pois o vestuário fotografado é sempre usado por uma mulher individual; o que é oferecido pela fotografia de moda é um estado semissistemático do vestuário; pois, de um lado, a Língua de moda deve ser inferida aqui de um vestuário pseudorreal e, de outro lado, a portadora do vestuário (o manequim fotografado) é, por assim dizer, um indivíduo normativo, escolhido em função de sua generalidade canônica, e que representa, consequentemente, uma "fala" cristalizada, desprovida de qualquer liberdade combinatória. Finalmente, no vestuário *usado* (ou real), como o havia sugerido Trubetzkoy[25], reencontra-se a clássica distinção entre a Língua e a Fala: a Língua indumentária é constituída: 1) pelas oposições de peças, encaixes ou "pormenores", cuja variação acarreta uma mudança do sentido (não tem o mesmo sentido usar uma boina ou um chapéu-coco); 2) pelas regras que presidem à associação das peças entre si, seja ao longo do corpo, seja na largura; a Fala indumentária compreende todos os fatos de fabricação anônima (o que já não subsiste praticamente em nossa sociedade) ou de uso individual (medida da roupa, grau de propriedade, de gasto, manias pessoais, associações livres de peças); quanto à dialética que une aqui a indumentária (Língua) e o traje (Fala), ela não se parece à da linguagem; certamente, o traje é sempre colhido na indumentária (salvo no caso da excentricidade, a qual, aliás, também tem seus signos), mas a indumentária, hoje pelo menos, *precede* o traje, já que vem da "confecção", isto é, de um grupo minoritário (embora mais anônimo do que no caso da Alta Costura).

I.2.3. Tomemos agora outro sistema de significação: a comida. Aí reencontraremos, sem dificuldade, a distinção saussuriana. A Língua alimentar é constituída: 1) pelas regras de exclusão (tabus alimentares); 2) pelas oposições significantes de unidades que ficam por se determinar (do tipo, por exemplo: *salgado/açucarado*); 3) pelas regras de associação, seja simultâ-

---

25 *Principes de Phonologie* (trad. J. Cantineau), p. 19.

Língua e Fala

nea (no nível de um prato), seja sucessiva (no nível de um cardápio); 4) pelos protocolos de uso, que funcionam talvez como uma espécie de *retórica* alimentar. Quanto à "fala" alimentar, muito rica, esta compreende todas as variações pessoais (ou familiais) de preparação e associação (poder-se-ia considerar a cozinha de uma família, sujeita a certo número de hábitos, como um idioleto). O *cardápio*, por exemplo, ilustra muito bem o jogo entre a Língua e a Fala: qualquer cardápio é constituído por referência a uma estrutura (nacional ou regional e social), mas essa estrutura é preenchida diferentemente conforme os dias e os usuários, exatamente como uma "forma" linguística é preenchida pelas livres variações e combinações de que tem necessidade um falante para uma mensagem particular. A relação entre a Língua e a Fala estaria aqui bastante próxima daquela que encontramos na linguagem: é, por alto, o uso, ou seja, uma espécie de sedimentação de falas, que constitui a língua alimentar; os fatos de inovação individual (receitas inventadas), todavia, podem adquirir aí um valor institucional; o que falta, em todo caso, e contrariamente ao sistema do vestuário, é a ação de um *grupo de decisão*: a língua alimentar constitui-se somente a partir de um uso largamente coletivo ou de uma "fala" puramente individual.

I.2.4. Para terminar, arbitrariamente aliás, com as perspectivas da distinção *Língua/Fala*, daremos ainda algumas sugestões concernentes a dois sistemas de objetos, muito diferentes certamente, mas que têm de comum o dependerem ambos de um grupo de decisão (de fabricação): o automóvel e o mobiliário. No automóvel, a "língua" é constituída por um conjunto de formas e "pormenores", cuja estrutura se estabelece diferencialmente pela comparação dos protótipos entre si (independentemente do número de suas "cópias"); a "fala" é muito reduzida, pois, em igual posição, a liberdade de escolha do modelo é extremamente limitada: só funciona em relação a dois ou três modelos e, dentro de um modelo, quanto à cor ou guarnição; mas talvez fosse necessário aqui transformar a noção de *objeto* automóvel em noção de *fato* automóvel: reencontraríamos então na *conduta* automóvel as variações de uso do objeto que constituem ordinariamente o plano da fala; o usuário não pode, de fato, agir aqui diretamente no modelo para combinar-lhe as unidades; sua liberdade de execução apoia-se num uso desenvolvido no tempo e dentro do qual as "fôrmas" provindas da língua devem, para atualizar-se, passar pela mediação de certas práticas. Finalmente, o *mobiliário*, último sistema de que gostaríamos de dizer duas palavras, constitui, também ele, um objeto semântico: a língua é ao mesmo tempo formada pelas oposições de móveis funcionalmente idênticos (dois tipos de armários, dois tipos de camas etc.) e de que cada um, segundo seu "estilo", remete a um sentido diferente, e pelas regras de associação das diferentes unidades no nível da peça ("mobília"); a "fala" é formada aqui seja pelas variações insignificantes imprimidas a uma unidade pelo usuário ("ajeitando" um elemento, por exemplo), seja pelas liberdades de associação dos móveis entre si.

I.2.5. Os sistemas mais interessantes, aqueles que ao menos estão ligados à sociologia das comunicações de massa, são complexos sistemas em que estão envolvidas diferentes substâncias; no cinema, televisão e publicidade, os sentidos são tributários de um concurso de imagens, sons e grafismos; é prematuro, pois, fixar, para esses sistemas, a classe dos fatos da língua e a dos fatos da fala, enquanto, por um lado, não se decidir se a "língua" de cada um desses sistemas complexos é original ou somente composta das "línguas" subsidiárias que deles participam, e, por outro lado, enquanto essas línguas subsidiárias não forem analisadas (conhecemos a "língua" linguística, mas ignoramos a "língua" das imagens ou a da música). Quanto à Imprensa, que podemos considerar, razoavelmente, como um sistema de significação autônoma, ainda que nos limitemos a seus elementos escritos, ignoramos ainda quase tudo de um fenômeno linguístico que parece ter nela um papel capital: a conotação, vale dizer, o desenvolvimento de um sistema de sentido segundo, parasita, se se pode assim dizer, da língua propriamente dita; este sistema segundo também é uma "língua" em relação à qual se desenvolvem fatos de fala, idioletos e estruturas duplas. Para estes sistemas complexos ou conotados (os dois caracteres não são exclusivos), já não é possível então predeterminar, mesmo de maneira global e hipotética, a classe dos fatos de língua e a dos fatos de fala.

I.2.6. A extensão semiológica da noção *Língua/Fala* não deixa de colocar certos problemas que coincidem, evidentemente, com os pontos em que o modelo linguístico não mais pode ser seguido e deve ser ajeitado. O primeiro problema concerne à origem do sistema, ou seja, a própria dialética entre a língua e a fala. Na linguagem, não entra na língua nada que não tenha sido ensaiado pela fala, mas, inversamente, fala alguma é possível (vale dizer, não responde à sua função de comunicação), se ela não é destacada do tesouro da língua. Este movimento é ainda, parcialmente ao menos, o de um sistema como a comida, ainda que os fatos individuais de inovação nele possam tornar-se fatos de língua; mas, para a maioria dos outros sistemas semiológicos, a língua é elaborada, não pela "massa falante", mas por um grupo de decisão. Neste sentido, pode-se dizer que, na maioria das línguas semiológicas, o signo é verdadeiramente "arbitrário"[26], já que se funda, artificialmente, por uma decisão unilateral; trata-se, em suma, de linguagens fabricadas, de "logotécnicas"; o usuário segue essas linguagens, nelas destaca mensagens ("falas"), mas não participa de sua elaboração; o grupo de decisão que está na origem do sistema (e de suas mudanças) pode ser mais ou menos estreito; pode ser uma tecnocracia altamente qualificada (moda, automóvel); e pode ser também um grupo mais difuso, mais anônimo (arte do mobiliário corrente, confecção

---

26 Cf. *infra*, II.4.3.

Língua e Fala

média). No entanto, se este caráter artificial não altera a natureza institucional da comunicação e preserva certa dialética entre o sistema e o uso, é porque, de um lado, por ser sofrido, o "contrato" significante nem por isso é menos observado pela massa dos usuários (senão, o usuário seria *marcado* por certa dessocialidade: não pode comunicar mais do que sua excentricidade), e, de outro lado, as línguas elaboradas "por decisão" não são inteiramente livres ("arbitrárias"); sofrem a determinação da coletividade, pelas seguintes vias, ao menos: 1) quando nascem novas necessidades, consecutivas ao desenvolvimento das sociedades (passagem a um vestuário semi-europeu nos países da África contemporânea, nascimento de novos protocolos de alimentação rápida nas sociedades industriais e urbanas); 2) quando imperativos econômicos determinam o desaparecimento ou a promoção de certos materiais (tecidos artificiais); 3) quando a ideologia limita a invenção das formas, sujeita-a a tabus e reduz, de algum modo, as margens do "normal". Pode-se dizer, mais amplamente, que as elaborações do grupo de decisão, isto é, as logotécnicas, são, elas próprias, apenas os termos de uma função sempre mais geral, ou seja, o imaginário coletivo da época: a inovação individual é assim transcendida por uma determinação sociológica (de grupos restritos) e estas determinações sociológicas, por sua vez, remetem a um sentido final, de natureza antropológica.

I.2.7. O segundo problema colocado pela extensão semiológica da noção *Língua/Fala* diz respeito ao "volume" que se pode estabelecer entre as "línguas" e suas "falas". Na linguagem há uma desproporção muito grande entre a língua, conjunto finito de regras, e as "falas" que vêm alojar-se sob essas regras e constituem um número praticamente infinito. Pode-se presumir que um sistema como a comida apresente ainda uma diferença considerável de volumes, visto que, dentro das "fôrmas" culinárias, as modalidades e as combinações de execução continuam sendo um número elevado; mas vimos que em sistemas como o automóvel ou o mobiliário, a amplitude de variações combinatórias e associações livres é fraca: há pouca margem – reconhecida pela própria instituição ao menos – entre o modelo e sua "execução": são sistemas em que a "fala" é pobre e, num sistema particular como a moda escrita, essa fala é até praticamente nula, de tal modo que se trata aqui, paradoxalmente, de uma língua sem fala (o que só se torna possível, já o vimos, porque essa língua é "sustentada" pela fala linguística). Se é verdade que haja línguas sem falas ou de fala muito pobre, isto não impede que seja forçosamente necessário revisar a teoria saussuriana, segundo a qual a língua não é senão um sistema de diferenças (e neste caso, sendo inteiramente "negativa", ela se torna inapreensível fora da fala), e completar o par *Língua/Fala* por um terceiro elemento, pré-significante, matéria ou substância, e que seria o suporte (necessário) da significação: numa expressão como "um vestido comprido ou curto" o "vestido" não é senão o suporte de um variante (*comprido/curto*), que pertence plenamente à língua indumentária: distinção desconhecida da linguagem, em que como o som é considerado como *imediatamente* significante, não pode ser decomposto em um elemento inerte e um elemento semântico. Seríamos levados a reconhecer assim nos sistemas semiológicos (não linguísticos) três planos (e não dois): o plano da matéria, o da língua e o do uso; isto permite evidentemente explicar os sistemas sem "execução", já que o primeiro elemento assegura a materialidade da língua; arranjo tanto mais plausível quanto se explica geneticamente: se, nesses sistemas, a "língua" necessita de "matéria" (e não mais de "fala"), é porque eles têm geralmente uma origem utilitária, e não significante, contrariamente à linguagem humana.

II

Significado
e
Significante

II.1. O Signo

II.1.1. O significado e o significante são, na terminologia saussuriana, os componentes do *signo*. Ora, este termo *signo*, presente em vocabulários bem diferentes (da Teologia à Medicina) e de história muito rica (do Evangelho[27] à Cibernética), é por isso mesmo bastante ambíguo; além disto, antes de voltarmos à acepção saussuriana, é preciso uma palavrinha a respeito do campo nocional onde ele ocupa um lugar, aliás flutuante, como veremos. *Signo*, na verdade, insere-se numa série de termos afins e dessemelhantes, ao sabor dos autores: *sinal, índice, ícone, alegoria* são os principais rivais do *signo*. Suponhamos, inicialmente, o elemento comum a todos estes termos: todos eles remetem necessariamente a uma relação entre dois *relata*[28]; com este traço, não se poderia distinguir então nenhum dos termos da série; para reencontrar uma variação de sentido, é preciso recorrer a outros traços, que serão apresentados aqui sob a forma de uma alternativa (*presença/ausência*): 1) a relação implica, ou não, a representação psíquica de um dos *relata*; 2) a relação implica, ou não, uma analogia entre os *relata*; 3) a ligação entre os dois *relata* (o estímulo e sua resposta) é imediata, ou não o é; 4) os *relata* coincidem

---

27 J. P. CHARLIER: "La notion de signe (σημεῖον) dans le IVe Évangile", *Rev. des Sciences Philos. et Théol.* 1959, 43, nº 3, 434-48.

28 O que exprimiu muito claramente Santo Agostinho: "Um signo é uma coisa que, além da espécie ingerida pelos sentidos, faz vir ao pensamento, por si mesma, qualquer outra coisa."

exatamente, ou, ao contrário, um "ultrapassa" o outro; 5) a relação implica, ou não, uma ligação existencial com aquele que dela se utiliza[29]. Conforme estes traços sejam positivos ou negativos (marcados ou não marcados), cada termo do campo diferencia-se de seus vizinhos; cumpre acrescentar que a distribuição do campo varia de autor para autor, o que acarreta contradições terminológicas; apreenderemos facilmente essas contradições com a apresentação do quadro de encontro dos traços e termos por quatro autores diferentes: Hegel, Peirce, Jung e Wallon (a referência a certos traços, sejam eles marcados ou não marcados, pode estar ausente em alguns autores):

	Sinal	Índice	Ícone	Símbolo	Signo	Alegoria
1. Representação	Wallon –	Wallon –		Wallon +	Wallon +	
2. Analogia			Peirce +	Hegel + Wallon + Peirce –	Hegel – Wallon –	
3. Imediatez	Wallon +	Wallon –				
4. Adequação				Hegel – Jung – Wallon –	Hegel + Jung + Wallon +	
5. Existencialidade	Wallon +	Wallon – Peirce +		Peirce – Jung +		Jung –

---

29 Cf. os *shifters* e símbolos indiciais, *supra*, I.1.8.

Significado e Significante

Vê-se que a contradição terminológica se baseia essencialmente no *índice* (para Peirce, o índice é existencial e não o é para Wallon) e no *símbolo* (para Hegel e Wallon, há uma relação de analogia – ou de "motivação" – entre os dois *relata* do símbolo, mas não para Peirce); além disto, para Peirce, o símbolo não é existencial, mas o é para Jung. Mas vê-se também que estas contradições – aqui legíveis verticalmente – explicam-se muito bem, ou melhor: compensam-se por translações de termos no nível de um mesmo autor – translações legíveis aqui horizontalmente: por exemplo, o símbolo é analógico em Hegel por oposição ao signo, o qual não o é; e se não o é em Peirce, é porque o ícone pode recolher o traço. Isto significa que, para resumir e falar em termos semiológicos (o que constitui o interesse deste breve estudo "em abismo"), as palavras do campo só adquirem seu sentido por oposição de umas a outras (ordinariamente por par) e que, se estas oposições são salvaguardadas, o sentido fica sem ambiguidade, particularmente, *sinal* e *índice*, *símbolo* e *signo* são os functivos de duas funções diferentes, que podem, elas próprias, entrar em oposição geral, como em Wallon, cuja terminologia é a mais completa e a mais clara[30], ficando *ícone* e *alegoria* confinados ao vocabulário de Peirce e Jung. Diremos então, a exemplo de Wallon, que o *sinal* e o *índice* formam um grupo de *relata* desprovidos de representação psíquica, enquanto no grupo adverso, *símbolo* e *signo*, esta representação existe; que, além disto,

---

30 H. WALLON: *De L'Acte à la Pensée*, 1942, pp. 175-250.

o *sinal é* imediato e existencial, diante do *índice* que não o é (ele é apenas um vestígio); enfim, que, no *símbolo*, a representação é analógica e inadequada (o Cristianismo "ultrapassa" a cruz), diante do *signo*, no qual a relação é imotivada e exata (não há analogia alguma entre a palavra *boi* e a imagem *boi*, que é perfeitamente coberta por seu *relatum*).

II.1.2. Em Linguística, a noção de signo não provoca competição entre termos vizinhos. Para designar a relação significante, Saussure eliminou imediatamente *símbolo* (porque o termo comportava uma ideia de motivação) em proveito de *signo*, definido como a união de um significante e de um significado (à maneira de anverso e verso de uma folha de papel), ou ainda de uma imagem acústica e de um conceito. Até que Saussure encontrasse as palavras *significante* e *significado*, *signo* permaneceu, no entanto, ambíguo, pois tinha tendência a confundir-se com o significante apenas, o que Saussure queria evitar a qualquer custo; depois de ter hesitado entre *soma* e *sema*, *forma* e *ideia*, *imagem* e *conceito*, Saussure fixou-se em *significante* e *significado*, cuja união forma o signo; eis uma proposição capital e a que é sempre preciso voltar, pois há uma tendência a tomar *signo* por significante, quando se trata de uma realidade bifacial; a consequência (importante) é que, pelo menos para Saussure, Hjelmslev e Frei, como os significados fazem parte dos signos, a Semântica deve fazer parte da Linguística Estrutural, enquanto, para os mecanistas americanos, os significados são substâncias que devem ser

Significado e Significante

expulsas da Linguística e dirigidas para a Psicologia. A partir de Saussure, a teoria do signo linguístico enriqueceu-se com o princípio da *dupla articulação*, cuja importância foi mostrada por Martinet, a ponto de torná-la o critério definicional da linguagem: entre os signos linguísticos, é preciso, com efeito, separar as *unidades significativas*, cada uma das quais está provida de um sentido (as "palavras", ou para ser mais exato, os "monemas"), e que formam a primeira articulação, das *unidades distintivas*, que participam da forma mas não têm diretamente um sentido (os "sons", ou melhor, os "fonemas"), e que constituem a segunda articulação; é a dupla articulação que explica a economia da linguagem humana; constitui, na verdade, uma espécie de poderosa desmultiplicação que faz com que o espanhol da América, por exemplo, com apenas 21 unidades distintivas, possa produzir 100.000 unidades significativas.

II.1.3. O signo é, pois, composto de um significante e um significado. O plano dos significantes constitui o *plano de expressão* e o dos significados o *plano de conteúdo*. Em cada um destes dois planos, Hjelmslev introduziu uma distinção importante talvez para o estudo do signo semiológico (e não mais linguístico apenas); cada plano comporta, de fato, para Hjelmslev, dois *strata*: a *forma* e a *substância*; é preciso insistir na nova definição destes dois termos, pois cada um tem um denso passado lexical. A *forma* é o que pode ser descrito exaustiva, simples e coerentemente (critérios epistemológicos) pela Linguística, sem recorrermos a nenhuma premissa extralinguística; a *substância* é o conjunto dos aspectos dos fenômenos linguísticos que não podem ser descritos sem recorrermos a premissas extralinguísticas. Como estes dois *strata* se reencontram no plano da expressão e no do conteúdo, teremos então: 1) uma substância da expressão: por exemplo, a substância fônica, articulatória, não funcional, de que se ocupa a Fonética e não a Fonologia; 2) uma forma da expressão, constituída pelas regras paradigmáticas e sintáticas (observaremos que uma mesma forma pode ter duas substâncias diferentes, uma fônica, outra gráfica); 3) uma substância de conteúdo: por exemplo, os aspectos emotivos, ideológicos ou simplesmente nocionais do significado, seu sentido "positivo"; 4) uma forma do conteúdo: a organização formal dos significados entre si, por ausência ou presença de uma marca semântica[31]; esta última noção é delicada de se perceber, em virtude da impossibilidade em que nos encontramos, diante da linguagem humana, de separar os significados dos significantes; mas, por isso mesmo, a subdivisão *forma/substância* pode novamente tornar-se útil e fácil de se manejar, em Semiologia, nos seguintes casos: 1) quando nos achamos diante de um sistema em que os significados são substantivados numa substância diversa da de seu próprio sistema (é, como vimos, o caso da moda escrita); 2) quando um sistema de objetos comporta uma substância que não é imediata e funcionalmente significante, mas pode ser, em certo nível, simplesmente utilitária: tal prato serve para significar uma situação, mas também para alimentar-se.

---

31 Embora muito rudimentar, a análise aqui dada, *supra*, II.1.1, concerne à *forma* dos significados "signo", "símbolo", "índice", "sinal".

Significado e Significante

II.1.4. Isto permite talvez prever a natureza do signo semiológico com relação ao signo linguístico. O signo semiológico também é, como seu modelo, composto de um significante e um significado (a cor de um farol, por exemplo, é uma ordem de trânsito no código rodoviário), mas dele se separa no nível de suas substâncias. Muitos sistemas semiológicos (objetos, gestos, imagens[32]) têm uma substância da expressão cujo ser não está na significação: são, muitas vezes, objetos de uso, derivados pela sociedade para fins de significação: a roupa serve para nossa proteção, a comida para nossa alimentação, ainda quando, na verdade, sirvam também para significar. Proporemos denominar estes signos semiológicos – de origem utilitária, funcional – *funções-signos*. A função-signo é a testemunha de um duplo movimento que cumpre analisar. Num primeiro tempo (esta decomposição é puramente operatória e não implica uma temporalidade real), a função penetra-se de sentido; tal semantização é fatal: *desde que haja sociedade, qualquer uso se converte em signo desse uso*: o uso da capa de chuva é proteger da chuva, mas este uso e indissociável do próprio signo de certa situação atmosférica; como nossa sociedade produz apenas objetos padronizados, normalizados, esses objetos são fatalmente execuções de um modelo, as palavras de uma língua, as substâncias de uma forma significante; para reencontrarmos um objeto insignificante, seria preciso imaginar um utensílio absolutamente improvisado e que em nada se aproxima de

---

32   Na verdade, o caso da imagem deveria ficar reservado, pois a imagem é imediatamente "comunicante", quando não significante.

Roland Barthes

um modelo existente (Claude Lévi-Strauss mostrou quanto a *"bricole"*[33] é, ela própria, busca de um sentido): hipótese praticamente irrealizável em qualquer sociedade. Esta semantização universal de usos é capital: traduz o fato de que só existe real quando inteligível e deveria levar a confundir, finalmente, Sociologia e Socio-Lógica[34]. Mas uma vez que o signo esteja constituído, a sociedade pode muito bem refuncionalizá-lo, falar dele como de um objeto de uso: trataremos de um casaco de pele como se ele não servisse senão para proteger-nos do frio; esta funcionalização recorrente, que tem necessidade de uma segunda linguagem para existir, não é absolutamente a mesma que a primeira funcionalização (puramente ideal, aliás): a função reapresentada, essa corresponde a uma segunda instituição semântica (disfarçada), que é da ordem da conotação. A função-signo tem, pois – provavelmente –, um valor antropológico, já que é a própria unidade em que se estabelecem as relações entre o técnico e o significante.

---

33 O termo *bricole* – bem como *bricoler, bricolage, bricoleur* – tem aqui um sentido especial, intraduzível em português. O *bricoleur* é aquele que trabalha sem plano previamente determinado, com recursos e processos que nada têm a ver com a tecnologia normal; não trabalha com *matérias-primas*, mas já elaboradas, com pedaços e sobras de outras obras (cf. CLAUDE LÉVI-STRAUSS, *La Pensée Sauvage* – Librairie Plon – Paris – 1962). (N. do T.)

34 Cf. R. BARTHES: "A propos de deux ouvrages récents de Cl. Lévi-Strauss: Sociologie et Socio-Logique", in: *Information sur les Sciences Sociales* (Unesco), Vol. 1, nº 4, dez. 1962, 114-22.

Significado e Significante

II.2. O Significado

II.2.1. Em Linguística, a natureza do significado deu lugar a discussões sobretudo referentes a seu grau de "realidade"; todas concordam, entretanto, quanto a insistir no fato de que o significado não é uma "coisa", mas uma representação psíquica da "coisa"; vimos que, na definição do signo de Wallon, esse caráter representativo constituía um traço pertinente do signo e do símbolo (por oposição ao índice e ao sinal); o próprio Saussure notou bem a natureza psíquica do significado ao denominá-lo *conceito*: o significado da palavra *boi* não é o animal *boi*, mas sua imagem psíquica (isto será importante para acompanhar a discussão acerca da natureza do signo[35]). Essas discussões permanecem todavia impregnadas de psicologismo; preferiremos seguir talvez a análise dos Estoicos[36]; estes distinguiam cuidadosamente φαντασία λογιχή (a representação psíquica), τυγχανόν (a coisa real) e λεκτόν (o "dizível"); o significado não é nem φαντασία, nem τυγχανόν, mas sim λεκτόν; não sendo nem ato de consciência nem realidade, o significado só pode ser definido dentro do processo de significação, de uma maneira praticamente tautológica: é este "algo" que quem emprega o signo entende

---

35 Cf. *infra*, II.4.2.
36 Discussão retomada por: Borgeaud, Bröcker e Lohmann, in: *Acta Linguistica*, III, 1, 27.

por ele. Voltamos assim justamente a uma definição puramente funcional: o significado é um dos dois *relata* do signo; a única diferença que o opõe ao significante é que este é um mediador. No essencial, a situação não poderia ser diferente em Semiologia, em que objetos, imagens, gestos etc., tanto quanto sejam significantes, remetem a algo que só é dizível por meio deles, salvo esta circunstância segundo a qual os signos da língua podem encarregar-se do significado semiológico; diremos, por exemplo, que tal suéter significa *os longos passeios de outono nos bosques*; neste caso, o significado não é somente mediatizado por seu significante indumentário (o *suéter*), mas também por um fragmento de palavra (o que é uma grande vantagem para manejá-lo); poderíamos dar o nome de *isologia* ao fenômeno pelo qual a língua "cola", de modo indiscernível e indissociável, seus significantes e significados, de maneira a reservarmos o caso dos sistemas não isólogos (sistemas fatalmente complexos), em que o significado pode simplesmente ser *justaposto* a seu significante.

II.2.2. Como classificar os significados? Sabemos que, em Semiologia, esta operação é fundamental, pois resulta em isolar a *forma* do conteúdo. Quanto aos significados linguísticos, podemos conceber duas espécies de classificações; a primeira é externa e apela para o conteúdo "positivo" (e não puramente diferencial) dos conceitos: é o caso dos agrupamentos metódicos de Hallig e

Significado e Significante

Wartburg[37] e, mais convincentemente, dos campos nocionais de Trier e dos campos lexicológicos de Matoré[38]; mas, de um ponto de vista estrutural, essas classificações (sobretudo as de Hallig e Wartburg) têm o defeito de apoiar-se ainda demais na *substância* (ideológica) de significados, não na sua *forma*. Para chegar a estabelecer uma classificação verdadeiramente formal, seria necessário chegar a reconstituir oposições de significados e a isolar em cada uma delas um traço pertinente (comutável)[39]; este método foi preconizado por Hjelmslev, Sörensen, Prieto e Greimas; Hjelmslev, por exemplo, decompõe um monema como "égua" em duas unidades de sentido menores: "cavalo" + "fêmea", unidades que podem comutar e servir, consequentemente, para a reconstituição de novos monemas ("porco" + "fêmea" = "porca", "cavalo" + "macho" = "garanhão"); Prieto vê em "*vir*" dois traços comutáveis: "*homo*" + "*masculus*", Sörensen reduz o léxico do parentesco a uma combinação de "primitivos" ("pai" = parente macho, "parente" = ascendente em primeiro grau). Nenhuma dessas análises foi ainda desenvolvida[40]. É preciso lembrar enfim que, para certos linguistas, os significados não fazem parte da Linguística, a qual deve ocupar-se apenas de significantes, e que a classificação semântica está fora das tarefas da Linguística[41].

---

37   R. HALLIG e W. VON WARTBURG: *Begriffssystem als Grundlage für die Lexicographie*, Berlim, Akademie Verlag, 1952, 4º, XXV, p. 140.

38   Encontrar-se-á a bibliografia de Trier e Matoré em: P. GUIRAUD: *La Sémantique*, P. U. F. ("Que sais-je?"), p. 70 e ss.

39   É o que tentamos fazer aqui para *signo* e *símbolo* (*supra*, II.1.1).

40   Exemplos dados por G. MOUNIN: "Les analyses sémantiques", in: *Cahiers de l'Inst. de Science Économique Appliquée*, março, 1962, nº 123.

41   Seria bom adotar doravante a distinção proposta por A. J. GREIMAS: *Semântica* = quando se refere ao conteúdo; *Semiologia* = quando se refere à expressão.

II.2.3. A Linguística Estrutural, por mais avançada que esteja, não edificou ainda uma Semântica, isto é, uma classificação das *formas* do *significado verbal*. Imaginamos facilmente, pois, que não se possa propor atualmente uma classificação dos significados semiológicos, salvo se recorrermos a campos nocionais conhecidos. Arriscaremos apenas três observações. A primeira concerne ao modo de atualização dos significados semiológicos; estes podem apresentar-se ou não de modo isológico; no segundo caso, são sustentados, por meio da linguagem, articulada, seja por uma palavra (*week-end*), seja por um grupo de palavras (*longos passeios no campo*); ficam, desde então, mais fáceis de se manejar, já que o analista não é obrigado a impor--lhes sua própria metalinguagem, mas mais perigosos também, pois reconduzem incessantemente à classificação semântica da própria língua (desconhecida, aliás), e não a uma classificação cujo fundamento estivesse no sistema observado; os significados da moda, ainda que mediatizados pela palavra do jornal, não se distribuem por força como os significados da língua, visto que justamente não têm sempre o mesmo "comprimento" (aqui uma palavra, lá uma frase); no primeiro caso, o dos sistemas isológicos, o significado não tem senão seu significante típico como materialização; só podemos manejá-lo impondo--lhe uma metalinguagem; interrogaremos, por exemplo, indivíduos acerca da significação que atribuem a um trecho de música, submetendo-lhes uma lista de significados verbalizados (*angustiado, tempestuoso, sombrio, atormentado* etc.)[42]; quando,

---

42   Cf. R. Francès: *La Perception de la Musique*, Vrin, 1958, 3ª parte.

Significado e Significante

na realidade, todos esses signos verbais formam um só significado musical, que deveríamos designar por um número único apenas, o qual não implicaria nenhum recorte verbal ou conversão metafórica. Essas metalinguagens, provenientes aqui do analista e lá do próprio sistema, são inevitáveis, sem dúvida e é o que torna ainda problemática a análise dos significados ou análise ideológica; será necessário pelo menos situar teoricamente seu lugar no projeto semiológico. A segunda observação concerne à extensão dos significados semiológicos; o conjunto dos significados de um sistema (já formalizado) constitui uma grande função; ora, é provável que, de um sistema a outro, as grandes funções semânticas não só se comuniquem entre si, mas ainda se recubram parcialmente; a forma dos significados do vestuário é sem dúvida, em parte, a mesma que a dos significados do sistema alimentar, ambas articuladas sobre a grande oposição entre o trabalho e a festa, entre a atividade e o lazer; impõe-se prever então uma descrição ideológica total, comum a todos os sistemas de uma mesma sincronia. Finalmente – esta será a terceira observação –, podemos considerar que a cada sistema de significantes (léxicos) corresponde, no plano dos significados, um corpo de práticas e técnicas; esses corpos de significados implicam, por parte dos consumidores de sistemas (isto é, "leitores"), diferentes saberes (segundo as diferenças de "cultura"), o que explica que uma mesma lexia (ou grande unidade de leitura) possa ser diferentemente decifrada segundo os indivíduos, sem deixar de pertencer a certa "língua"; vários léxicos –

e, portanto, vários corpos de significados – podem coexistir num mesmo indivíduo, determinando, em cada um, leituras mais ou menos "profundas".

II.3. O Significante

II.3.1. A natureza do significante sugere, de modo geral, as mesmas observações que a do significado: é um puro *relatum*, não se pode separar sua definição da do significado. A única diferença é que o significante é um mediador: a matéria é-lhe necessária; mas, de um lado, não lhe é suficiente e, de outro lado, em Semiologia, o significado também pode ser substituído por certa matéria: a das palavras. Essa materialidade do significante obriga mais uma vez a distinguir bem *matéria* e *substância*: a substância pode ser imaterial (no caso da substância do conteúdo); pode-se dizer, pois, somente que a substância do significante e sempre material (sons, objetos, imagens). Em Semiologia, em que vamos tratar de sistemas mistos que envolvem diferentes matérias (som e imagem, objeto e escrita etc.), seria bom reunir todos os signos, *enquanto transportados por uma única e mesma matéria*, sob o conceito de *signo típico*: o signo verbal, o signo gráfico, o signo icônico, o signo gestual formariam, cada um deles, um signo típico.

II.3.2. A classificação dos significantes não é outra senão a estruturação propriamente dita do sistema. Trata-se de re-

Significado e Significante

cortar a mensagem "sem fim", constituída pelo conjunto das mensagens emitidas no nível do corpo estudado, em unidades significantes mínimas com o auxílio da prova de comutação[43], agrupar essas unidades em classes paradigmáticas e classificar as relações sintagmáticas que ligam essas unidades. Tais operações constituem uma parte importante da empresa semiológica de que trataremos no capítulo III; só por lembrança citamo-las agora[44].

II.4. A Significação

II.4.1. O signo é uma fatia (bifacial) de sonoridade, visualidade etc. A *significação* pode ser concebida como um processo; é o ato que une o significante e o significado, ato cujo produto é o signo. Claro, esta distinção só tem valor classificatório (e não fenomenológico): primeiro, porque a união de significante e significado não esgota, como veremos, o ato semântico, já que o signo vale também por seus contornos; em seguida, porque sem dúvida o espírito, para significar, não procede por conjunção, mas, como veremos, por recorte[45]: na verdade, a significação (*semiosis*) não une seres unilaterais, não aproxima dois termos, pela simples razão de que significante

---

43   Cf. *infra*, III.2.3.
44   Cf. *infra*, III (Sistema de Sintagma).
45   Cf. *infra*, II.5.2.

e significado são, cada um por seu turno, termo e relação[46]. Esta ambiguidade embaraça a representação gráfica da significação, necessária, no entanto, ao discurso semiológico. A este respeito, notaremos as seguintes tentativas:

1) $\dfrac{Se}{So}$ [47]. Em Saussure, o signo apresenta-se, demonstrativamente, como a extensão vertical de uma situação *profunda*: na língua, o significado, de certo modo, está *atrás* do significante e só pode ser atingido através dele, ainda que, de um lado, falte a essas metáforas, muito espaciais, a natureza dialética da significação e, de outro lado, o fecho do signo não seja aceitável senão para os sistemas francamente descontínuos, como a língua.

2) *E R C*. Hjelmslev preferiu uma representação puramente gráfica: há relação (R) entre o plano de expressão (E) e o plano de conteúdo (C). Esta fórmula permite explicar, economicamente e sem falsificação metafórica, as metalinguagens ou sistemas obtidos: E R (ERC)[48].

3) $\dfrac{S}{s}$. Lacan, retomado por Laplanche e Leclaire[49],

---

46 Cf. R. Ortigues: *Le Discours et le Symbole*, Aubier, (1962).
47 Se = significante, So = significado. (N. do T.)
48 Cf. *infra*, cap. IV.
49 J. Laplanche e S. Leclaire: "L'inconscient", in: *Temps Modernes*, nº 183, julho, 1963, p. 81 e ss.

utiliza um grafismo espacializado, diferente entretanto da representação saussuriana em dois pontos: 1) o significante (S) é global, constituído por uma cadeia de níveis múltiplos (cadeia metafórica): significante e significado estão numa ligação flutuante e só "coincidem" por certos pontos de ancoragem; 2) a barra de separação entre o significante (S) e o significado (s) tem um valor próprio (que não tinha, evidentemente, em Saussure): representa o recalcamento do significado.

4) $SE \equiv So$. Finalmente nos sistemas não isólogos (isto é, nos quais os significados são materializados por meio de outro sistema), e lícito, evidentemente, estender a relação sob a forma de uma equivalência ($\equiv$), mas não de uma identidade (=).

II.4.2. Vimos que tudo o que se poderia dizer do significante é que este seria um mediador (material) do significado. De que natureza é esta mediação? Em Linguística, tal problema deu lugar a discussão: discussão principalmente terminológica, pois, na realidade, as coisas são bastante claras (não o serão tanto em Semiologia, talvez). A partir do fato de que, na linguagem humana, a escolha de sons não nos é imposta pelo próprio sentido (o *boi* em nada leva ao som *boi*, pois esse som é diferente em outras línguas), Saussure havia falado de uma relação *arbitrária* entre o significante e o significado. Benveniste contestou a palavra[50]; o que é arbitrário é a relação entre o significante e a "coisa" significada (entre o som *boi* e o animal *boi*); mas já o vimos, para o próprio Saussure, o significado não é a "coisa" e sim a representação psíquica da coisa (*conceito*); a associação entre o som e a representação psíquica é o fruto de uma preparação coletiva (por exemplo, da aprendizagem da língua francesa); esta associação – que é a significação – não é absolutamente arbitrária (francês algum tem liberdade para modificá-la), mas, muito ao contrário, necessária. Propôs-se dizer então que, em Linguística a significação é *imotivada*; trata-se de uma imotivação parcial, aliás (Saussure fala de uma analogia relativa): do significado ao significante, há certa motivação no caso (restrito) das onomatopeias, como o veremos daqui a pouco, e sempre que uma série de signos é estabelecida pela língua por imitação de certo protótipo de composição ou derivação: é o caso dos signos chamados proporcionais: *pereira, laranjeira, mangueira* etc., uma vez estabelecida a imotivação entre seu radical e seu sufixo, apresentam uma analogia de composição. Diremos, pois, que na língua, de modo geral, o liame entre o significante e o significado é contratual em seu princípio, mas esse contrato é coletivo, inscrito numa temporalidade longa (Saussure diz que "a língua é sempre uma herança"), e, consequentemente, *naturalizado*, de certo modo; Claude Lévi-Strauss, igualmente, precisa que o signo linguístico é arbitrário *a priori*, mas não arbitrário *a posteriori*. Esta discussão inclina a prever dois termos diferentes,

---

50   E. Benveniste: "Nature du signe linguistique", *Acta Linguistica*, I, 1939.

Significado e Significante

úteis quando da extensão semiológica: diremos que um sistema é arbitrário quando seus signos se fundam não por contrato, mas por decisão unilateral: na língua, o signo não e arbitrário, mas o é na moda; e diremos que um signo é *motivado* quando a relação entre seus significante e significado é analógica (Buyssens propôs para os signos motivados: *semas intrínsecos*, e para os signos imotivados: *semas extrínsecos*); poderemos ter então sistemas arbitrários e motivados; outros não arbitrários e imotivados.

II.4.3. Em Linguística, a motivação está circunscrita ao plano parcial da derivação ou da composição; para a Semiologia, ao contrário, colocará problemas mais gerais. De um lado, é possível que, afora a língua, se encontrem sistemas altamente motivados e será necessário então estabelecer a maneira pela qual a analogia se torna compatível com o descontínuo, o qual parece até aqui necessário à *significação*; e, em seguida, como podem estabelecer-se séries paradigmáticas (portanto, de termos pouco numerosos e finitos), quando os significantes são *analoga*: será, sem dúvida, o caso das "imagens", cuja semiologia, por tais razões, está longe de se estabelecer; por outro lado, é infinitamente provável que o inventário semiológico revele a existência de sistemas impuros, que comportam ou motivações muito frouxas, ou motivações penetradas, se se pode dizer assim, de imotivações secundárias, como se o signo, muitas vezes, se oferecesse a uma espécie de conflito entre o motivado e o imotivado; já é um pouco o caso da mais "motivada" zona da língua, a zona das onomatopeias; Martinet

Roland Barthes

observou[51] que a motivação onomatopaica se acompanhava de uma perda da dupla articulação (*ai*, que depende somente da segunda articulação, substitui o sintagma duplamente articulado: *está doendo*); entretanto, a onomatopeia da dor não é exatamente a mesma em português (*aí*) e em dinamarquês (*au*), por exemplo; é que, na verdade, a motivação se submete aqui, de certo modo, a modelos fonológicos evidentemente diferentes conforme as línguas: há impregnação do analógico pelo digital. Afora a língua, os sistemas problemáticos, como a "linguagem" das abelhas, oferecem a mesma ambiguidade: os giros de colheita de alimento têm um valor vagamente analógico; a dança na prancha de voo é francamente motivada (orientação da fonte de alimento), mas a dança buliçosa em forma de 8 é totalmente imotivada (remete a uma distância)[52]. Enfim, último exemplo dessas "incertezas"[53], certas marcas de fábrica utilizadas pela publicidade são constituídas por figuras perfeitamente "abstratas" (não analógicas); podem, entretanto, "desprender" certa impressão (por exemplo, a "potência"), que está numa relação de afinidade com o significado: a marca Berliet (um círculo fortemente flechado) em nada "copia" a potência – como "copiar", aliás, a potência? – mas a sugere, todavia, por uma analogia latente; reencontraríamos a mesma ambiguidade nos signos de certas escritas ideográ-

---

51 A. Martinet: *Économie des Changements Phonétiques*, Francke, 1955, 5, 6.
52 Cf. G. Mounin: "Communication linguistique humaine et communication non-linguistique animale", in: *Temps Modernes*, abril-maio, 1960.
53 Outro exemplo: o código rodoviário.

Significado e Significante

ficas (o chinês, por exemplo). O encontro do analógico e do não analógico parece, pois, indiscutível, no próprio seio de um sistema único. A Semiologia, entretanto, não poderá contentar-se com uma descrição que reconheça o compromisso sem procurar sistematizá-lo; não pode admitir um diferencial contínuo, pois o sentido é articulação, como veremos. Esses problemas não foram ainda estudados pormenorizadamente e não poderíamos dar uma visão geral deles. A economia – antropológica – da significação, no entanto, adivinha-se: na língua, por exemplo, a motivação (relativa) introduz certa ordem ao nível da primeira articulação (significativa): o "contrato" é então sustentado aqui por certa naturalização desse arbitrário apriorístico de que fala Claude Lévi-Strauss; outros sistemas, ao contrário, podem ir da motivação à imotivação: por exemplo, o jogo das estatuetas rituais de iniciação dos Senufo, citado por Lévi-Strauss em *O Pensamento Selvagem*. É provável, pois, que, no nível da Semiologia mais geral, de ordem antropológica, estabeleça-se uma espécie de *circularidade* entre o analógico e o imotivado: há uma dupla tendência (complementar) de naturalizar o imotivado e intelectualizar o motivado (isto é, culturalizá-lo). Certos autores, enfim, asseguram que o próprio digitalismo, que é o rival do analógico, sob sua forma pura, o binarismo, é, ele próprio, uma "reprodução" de certos processos fisiológicos, se é verdade que a visão e o ouvido funcionam de fato por seleções alternativas[54].

---

54 Cf. *infra*, III.3.5.

II.5. O Valor

II.5.1. Dissemos, ao deixamos entender pelo menos, que era uma abstração bastante arbitrária (mas inevitável) tratar do signo "em si", como somente a união do significante e o significado. Impõe-se, para terminar, considerar o signo não mais por sua "composição", mas por seus "contornos": é o problema do *valor*. Saussure não viu de imediato a importância desta noção, mas, a partir do segundo Curso de Linguística Geral, concedeu-lhe uma reflexão sempre mais aguda e o valor tornou-se para ele conceito essencial, mais importante afinal do que o de significação (que ele não recobre) O valor tem uma estreita relação com a noção de língua (oposta à fala); leva a despsicologizar a Linguística e a aproximá-la da Economia; ele é, pois, central em Linguística Estrutural. Na maioria das ciências, observa Saussure[55], não há dualidade entre a diacronia e a sincronia: a Astronomia é uma ciência sincrônica (embora os astros mudem); a Geologia é uma ciência diacrônica (ainda que possa estudar os estados fixos); a História é sobretudo diacrônica (sucessão de acontecimentos), embora possa deter-se em certos "quadros"[56]. Há uma ciência, entretanto, em que essa dualidade igualmente se impõe:

---

55 SAUSSURE, *Cours de Linguistique Générale*, p. 115 [*Curso de Linguística Geral*, trad. de Antonio Chelini, Izidoro Blikstein e José Paulo Paes. S. Paulo, Cultrix – Ed. da USP, 1969, p. 94].

56 Seria preciso lembrar que, a partir de Saussure, a própria História descobriu também a importância das estruturas sincrônicas? Economia, Linguística, Etnologia e História formam atualmente um *quadrivium* de ciências-piloto.

Significado e Significante

a Economia (a Economia Política distingue-se da História Econômica); o mesmo acontece, prossegue Saussure, para a Linguística; é que, nos dois casos, estamos lidando com um sistema de equivalência entre duas coisas diferentes: um trabalho e um salário, um significante e um significado (eis o fenômeno que até agora temos chamado de *significação*); todavia, tanto em Linguística como em Economia, esta equivalência não é solitária, pois, se mudarmos um de seus termos, pouco a pouco todo o sistema muda. Para que haja signo (ou "valor" econômico) é preciso, portanto, poder *permutar* coisas dessemelhantes (um trabalho e um salário, um significante e um significado) e, por outro lado, *comparar* coisas similares entre si: pode-se trocar uma nota de R$20 por pão, sabão ou cinema, mas pode-se também comparar essa nota com notas de R$50, de R$100 etc.; do mesmo modo, uma "palavra" pode ser "trocada" por uma ideia (isto é, o dessemelhante), mas pode ser comparada com outras palavras (isto é, o similar): em inglês, *mutton* não extrai seu valor senão da coexistência com *sheep*; o sentido só se fixa realmente a partir desta dupla determinação: significação e valor. O valor não é então a significação; provém, diz Saussure[57], "da situação recíproca das peças da língua"; é até mais importante do que a significação: "o que há de ideia ou de matéria fônica em um signo importa menos do que há a seu redor nos outros signos"[58]; frase proféti-

---

57   SAUSSURE, in: R. GODEL, *op. cit.*, p. 90.
58   *Ib.*, p. 166. – Saussure pensa evidentemente na comparação entre os signos, não no plano da sucessão sintagmática, mas no das reservas virtuais paradigmáticas, ou campos associativos.

ca, se pensarmos que ela já fundava a homologia lévi-straussiana e o princípio das taxinomias. Depois de termos assim distinguido bem, com Saussure, significação e valor, vemos logo que, se retomarmos os *strata* de Hjelmslev (substância e forma), a significação participará da substância do conteúdo e o valor de sua forma (*mutton* e *sheep* estão numa relação paradigmática, *enquanto significados*, e não, é claro, enquanto significantes).

II.5.2. Para explicar o duplo fenômeno de *significação* e de *valor*, Saussure servia-se da imagem de uma folha de papel: recortando-a, obtêm se, de um lado, diversos pedaços (A, B, C), cada um dos quais tem um *valor* com relação a seus vizinhos, e, de outro lado, cada um desses pedaços tem um anverso e um verso, *que foram recortados ao mesmo tempo* (A-A', B-B', C-C'): é a *significação*. Esta imagem é preciosa, pois leva a conceber a produção do sentido de maneira original, não mais como tão-só a correlação entre um significante e um significado, mas talvez, mais essencialmente, como *um ato de recorte simultâneo* de duas massas amorfas, de dois "reinos flutuantes", como diz Saussure; com efeito, Saussure imagina que, na origem (de todo teórica) do sentido, as ideias e os sons formam duas massas flutuantes, lábeis, contínuas e paralelas, de substâncias; o sentido intervém quando se recorta ao mesmo tempo, de uma só vez, estas duas massas: os signos (assim produzidos) são, pois, *articuli*; entre estes dois caos, o sentido é então uma ordem, mas essa ordem é

Significado e Significante

essencialmente *divisão*: a língua é um objeto intermediário entre o som e o pensamento: consiste em *unir um e outro, decompondo--os simultaneamente*; e Saussure adianta uma nova imagem: significado e significante são como dois lençóis superpostos, um de ar e o outro de água; quando a pressão atmosférica muda, o lençol de água se divide em ondas: do mesmo modo, o significante é dividido em *articuli*. Estas imagens, tanto a da folha de papel como a das ondas, permitem insistir num fato capital (para a sequência das análises semiológicas): a língua é o domínio das *articulações* e o sentido é recorte, antes de tudo. Segue-se que a tarefa futura da Semiologia é muito menos estabelecer léxicos de objetos do que reencontrar as articulações a que os homens submetem o real; diremos, utopicamente, que Semiologia e Taxinomia, embora não tenham nascido ainda, serão talvez chamadas um dia a absorver-se numa nova ciência, a Artrologia ou ciência das repartições.

III

Sintagma
e
Sistema

III.1. Os Dois Eixos da Linguagem

III.1.1. Para Saussure[59], as relações que unem os termos linguísticos podem desenvolver-se em dois planos, cada um dos quais engendra seus próprios valores; estes dois planos correspondem a duas formas de atividade mental (tal generalização será retomada por Jakobson). O primeiro plano é dos *sintagmas*; o sintagma é uma combinação de signos, que tem por suporte a extensão; na linguagem articulada, essa extensão é linear e irreversível (é a "cadeia falada"): dois elementos não podem ser pronunciados ao mesmo tempo (*re-ler*, *contra todos*, *a vida humana*): cada termo tira aqui seu valor da oposição ao que precede e ao que segue; na cadeia de palavras, os termos estão realmente unidos *in praesentia*; a atividade analítica que se aplica ao sintagma é o recorte. O segundo plano é o das *associações* (para conservar ainda a terminologia de Saussure): "Fora do discurso (plano sintagmático), as unidades que têm entre si algo de comum associam-se na memória e assim se formam grupos em que reinam diversas relações": *enseignement* pode associar-se pelo sentido a *éducation*, *apprentissage*; pelo som a *enseigner*, *renseigner*, ou a *armement*, *chargement*[60]; cada grupo forma uma série mnemônica virtual, um "tesouro de memória"; em cada série, ao contrário do que se passa no nível do sintagma, os termos estão unidos *in absentia*; a atividade analítica que se aplica

---

59   Saussure: *Cours de Linguistique Générale*, p. 170 e ss. [ed. bras. cit., p. 142 e ss.].

60   *Op. cit.*, p. 146 da trad. brasileira.

às associações é a classificação. O plano sintagmático e o plano associativo estão numa estreita relação que Saussure exprimiu pela seguinte comparação: cada unidade linguística semelha à coluna de um edifício antigo: essa coluna está numa relação real de contiguidade com outras partes do edifício, a arquitrave, por exemplo (relação sintagmática); mas se for dórica, essa coluna convidar-nos-á à comparação com outras ordens arquiteturais, a jônica ou a coríntia; e eis a relação virtual de substituição (relação associativa): os dois planos estão de tal modo ligados que o sintagma só pode "avançar" por sucessivos apelos de novas unidades fora do plano associativo. A partir de Saussure, a análise do plano associativo mereceu um desenvolvimento considerável; o próprio nome mudou: fala-se hoje não de plano associativo, mas de plano *paradigmático*[61], ou ainda, como o faremos aqui doravante, de plano *sistemático*: o plano associativo está evidentemente ligado, de muito perto, à "língua" como sistema, enquanto o sintagma está mais próximo da fala. Podemos recorrer a uma terminologia subsidiária: as relações sintagmáticas são *relações* em Hjelmslev, *contiguidades* em Jakobson, *contrastes* em Martinet; as relações sistemáticas são *correlações* em Hjelmslev, *similaridades* em Jakobson, *oposições* em Martinet.

III.1.2. Saussure pressentia que o sintagmático e o associativo (isto é, o sistemático para nós) deviam corresponder a duas formas de atividade mental, o que já era sair da Linguística.

---

61 *Parádeigma*: modelo, quadro das flexões de uma palavra dada como modelo, declinação.

Sintagma e Sistema

Jakobson, num texto doravante célebre[62], retomou esta extensão, aplicando a oposição entre a *metáfora* (ordem do sistema) e a *metonímia* (ordem do sintagma) a linguagens não linguísticas: teremos, portanto, "discursos" de tipo metafórico e "discursos" de tipo metonímico; cada tipo não implica evidentemente o recurso exclusivo a um dos dois modelos (já que sintagma e sistema são necessários a qualquer discurso), mas somente o domínio de um ou outro. À ordem da metáfora (domínio das associações substitutivas) pertenceriam os cantos líricos russos, as obras do Romantismo e do Simbolismo, a pintura surrealista, os filmes de Charlie Chaplin (as fusões superpostas seriam verdadeiras metáforas fílmicas), os símbolos freudianos do sonho (por identificação); à ordem da metonímia (domínio das associações sintagmáticas) pertenceriam as epopeias heroicas, as narrativas da escola realista, os filmes de Griffith (grandes planos, montagem e variações dos ângulos de tomadas), e as projeções oníricas por deslocamento ou condensação. À enumeração de Jakobson, poderíamos acrescentar: do lado da metáfora, as exposições didáticas (mobilizando definições substitutivas)[63], a crítica literária de tipo temático, os discursos aforísticos; do lado da metonímia, os ·romances populares e as narrativas de imprensa[64]. Lembra-

---

62   R. JAKOBSON: "Deux aspects du langage et deux types d'aphasie" in *Temps Modernes*, n. 188, janeiro 1962, p. 853 e ss., retomado em *Essais de Linguistique Générale*, Éd. de Minuit, (1963), cap. 2 [incluído em *Linguística e Comunicação*, ed. cit.].

63   Trata-se somente de uma polarização muito geral, pois, de fato, não podemos confundir metáfora e definição (cf. R. JAKOBSON, *Essais...*, p. 220) [V. *Linguística e Comunicação*, ed. e loc. cit.].

64   Cf. R. BARTHES: "L'imagination du signe", in *Essais Critiques*, Seuil, 1964 [incluído em *Crítica e Verdade*, de R. Barthes, trad. de Leyla Perrone-Moisés, S. Paulo, Perspectiva, 1970].

remos, seguindo uma observação de Jakobson, que o analista (o semiólogo, no caso), está mais bem armado para falar da metáfora do que da metonímia, pois a metalinguagem na qual deve conduzir sua análise é, ela própria, metafórica e, consequentemente, homogênea à metáfora-objeto: há, com efeito, uma rica literatura acerca da metáfora, mas nada praticamente sobre a metonímia.

III.1.3. A abertura de Jakobson para os discursos de dominância metafórica e de dominância metonímica prepara uma passagem da Linguística à Semiologia. Os dois planos da linguagem articulada devem, com efeito, reencontrar-se em outros sistemas de significação que não a linguagem. Embora as unidades do sintagma, resultantes de uma operação de recorte, e as listas de oposições, resultantes de uma classificação, não possam ser definidas *a priori*, mas somente ao termo de uma prova geral de comutação dos significantes e significados, é possível indicar para alguns sistemas semiológicos o plano do sintagma e o do sistema, sem prever ainda unidades sintagmáticas e, por conseguinte, variações paradigmáticas a que dão lugar (*ver o quadro adiante*). Tais são os dois eixos da linguagem, e o essencial da análise semiológica consiste em distribuir os fatos inventariados segundo cada um desses eixos. É lógico começar o trabalho pelo recorte sintagmático, pois é ele, em princípio, que fornece as unidades que se devem também classificar em paradigmas; todavia, diante de um sistema desconhecido, é mais cômodo talvez partir de alguns elementos paradigmáticos marcados empiri-

Sintagma e Sistema

camente e estudar o sistema antes do sintagma; mas, como se trata aqui de elementos teóricos, observaremos a ordem lógica, que vai do sintagma ao sistema.

III.2. O Sintagma

III.2.1. Vimos (I.1.6) que a fala (no sentido saussuriano) era de natureza sintagmática, já que, alem das amplitudes da fonação, ela pode ser definida como uma *combinação* (variada) de signos (recorrentes): a frase falada é o próprio tipo de sintagma; o sintagma está, pois, com toda a certeza, muito próximo da fala: ora, para Saussure, não pode haver uma Linguística da fala; a Linguística do sintagma será impossível então? Saussure sentiu a dificuldade e cuidou de precisar em quê o sintagma não podia ser considerado como um fato de fala: primeiramente, porque há sintagmas cristalizados, aos quais o uso proíbe mudar algo (*ora essa! não diga! pois é! veja só!*) e que se subtraem à liberdade combinatória da fala (esses sintagmas estereotipados tornam-se então espécies de unidades paradigmáticas); em seguida, porque os sintagmas da fala se constroem segundo formas regulares, pertencentes, por isso mesmo, à língua (*incolorável* vai ser construído a partir de *imperdoável, infatigável* etc.): há, pois, uma *forma* do sintagma (no sentido hjelmsleviano da palavra), de que se ocupa a *sintaxe*, que é, de certo modo, a versão "glótica"[65] do sintagma.

---

65 "Glótico": que pertence à Língua – por oposição à Fala.

Isso não impede que a "proximidade" estrutural entre o sintagma e a fala seja um fato importante: porque ela sempre está colocando problemas para a análise, mas também – inversamente – porque permite explicar estruturalmente certos fenômenos de "naturalização" dos discursos conotados. A estreita relação entre o sintagma e a fala deve ser então cuidadosamente retida.

	Sistema	*Sintagma*
Vestuário	Grupo de peças, encaixes ou pormenores que podemos usar ao mesmo tempo e em um mesmo ponto do corpo e cuja variação corresponde a uma mudança do sentido indumentário: touca/ gorro/ capelina etc.	Justaposição num mesmo conjunto de elementos diferentes: saia – blusa – casaco.
Comida	Grupo de alimentos afins e dessemelhantes no qual escolhemos um prato em função de certo sentido: as variedades de entradas, assados ou sobremesas.	Encadeamento real dos pratos escolhidos ao longo da refeição: é o cardápio.
	O "cardápio" no restaurante atualiza os dois planos: a leitura horizontal das entradas, por exemplo, corresponde ao sistema, a leitura vertical corresponde ao sintagma.	
Mobiliário	Grupo das variedades "estilísticas" de um mesmo móvel (uma cama).	Justaposição dos móveis diferentes num mesmo espaço (cama – armário – mesa etc.).
Arquitetura	Variações de estilo de um mesmo elemento de um edifício, diferentes formas de telhados, sacadas, entradas etc.	Encadeamento dos pormenores no nível do conjunto do edifício.

III.2.2. O sintagma apresenta-se sob uma forma "encadeada" (o fluxo da fala, por exemplo). Ora, como vimos (II.5.2), o sentido só pode nascer de uma *articulação*, isto é, de uma divisão simultânea do "lençol" significante e da massa significada: a linguagem é por assim dizer o que *divide* o real (por exemplo, o espectro contínuo das cores reduz-se verbalmente a uma série de termos descontínuos). Há então, diante de qualquer sintagma, um problema analítico: o sintagma é ao mesmo tempo contínuo (fluente, encadeado) e, entretanto, só pode veicular sentido quando é "articulado". Como recortar o sintagma? Este problema renasce diante de cada sistema de signos: na linguagem articulada, houve inúmeras discussões acerca da natureza (isto é, na verdade, acerca dos "limites") da palavra e, para certos sistemas semiológicos, podem-se prever no caso importantes dificuldades: é certo que existem sistemas rudimentares de signos bastante descontínuos: sinalização de trânsito, por exemplo, cujos signos, por razão de segurança, devem ser radicalmente separados para ser imediatamente perceptíveis; mas os sintagmas icônicos, fundamentados numa representação mais ou menos analógica da cena real, são infinitamente mais difíceis de recortar, razão pela qual, sem dúvida, esses sistemas são quase universalmente traduzidos por uma fala articulada (legenda de uma foto) que os dota do descontínuo que não possuem. Apesar das dificuldades, o recorte do sintagma é uma operação fundamental, pois deve fornecer as unidades paradigmáticas do sistema; em suma, é a própria definição do sintagma que tem de ser constituída por *uma substância que deve ser recortada*[66]. O sintagma, sob sua forma de *fala*, apresenta-se como um "texto sem fim": como assinalar, nesse texto sem fim, as unidades significantes, isto é, os limites dos signos que o constituem?

III.2.3. Em Linguística, o recorte do "texto sem fim" faz-se por meio da *prova de comutação*. Esse conceito operatório já se encontra em Trubetskoy, mas foi consagrado sob seu nome atual por Hjelmslev e Uldall, no V Congresso de Fonética em 1936. A prova de comutação consiste em introduzir artificialmente uma mudança no plano da expressão (significantes) e em observar se essa mudança acarreta uma modificação correlativa no plano do conteúdo (significados); trata-se, em suma, de criar uma homologia arbitrária, isto é, um duplo paradigma, num ponto do texto "sem fim" para verificar se a substituição recíproca de dois significantes leva *ipso facto* à substituição recíproca de dois significados; se a comutação dos dois significantes produzir uma comutação dos significados, estaremos certos de possuir, no fragmento de sintagma submetido à prova, uma unidade sintagmática: o primeiro signo foi recortado. É claro que uma operação pode ser levada a efeito reciprocamente, do ponto de vista dos significados: se, por exemplo, num substantivo grego, substituirmos a ideia de "dois" à de "vários", obteremos uma mudança de

---

66   B. MANDELBROT pôde justamente confrontar a evolução da Linguística com a da teoria dos gases, sob o ponto de vista do descontínuo ("Linguistique statistique macroscopique" in: *Logique, Langage et Theórie de l'Information*, P. U. F., 1957).

expressão e isolaremos com isso o elemento que muda (marca do dual e marca do plural). Certas mudanças, entretanto, não acarretam modificação alguma do plano adverso; também Hjelmslev[67] distingue a *comutação*, geradora de uma mudança do sentido (*casa/caça*), da *substituição*, que muda a expressão, não o conteúdo, nem reciprocamente (*boa-noite/boa-noide*). Releva notar que a comutação tem por objeto ordinariamente o plano dos significantes, primeiro, já que é o sintagma que se trata de recortar; o recurso aos significados existe, mas fica puramente formal: o significado não é invocado por si mesmo em razão de sua "substância", mas como simples indicador do significante: *situa* o significante, nada mais; em outras palavras, na prova de comutação ordinária, faz-se intervir a *forma* do significado (seu valor oposicional com relação a outros significados), não sua substância: "utiliza-se a diferença entre as significações, já que as próprias significações não têm importância" (Belevitch)[68]. A prova de comutação permite, em princípio, assinalar paulatinamente as unidades significantes de que se tece o sintagma, preparando assim a classificação dessas unidades em paradigmas; claro, ela só é possível na linguagem porque o analista tem certo conhecimento do sentido da língua analisada. Em Semiologia, podemos encontrar, entretanto, sistemas cujo sentido é desconhecido ou incerto: quem pode assegurar que, ao passar do pão inteiro ao miolo de pão ou do gorro à touca, estejamos passando de um

---

67 Louis Hjelmslev, *Essais Linguistiques*, p. 103.
68 *Langage des Machines et Langage Humain*, Hermann, 1956, p. 91.

significado a outro? O semiólogo disporá aqui, as mais das vezes, de instituições mediadoras ou metalinguagens que lhe fornecerão os significados de que necessita para comutar: o artigo gastronômico ou o jornal de moda (reencontramos aqui a vantagem dos sistemas não isológicos); senão, ser-lhe--á preciso observar mais pacientemente a constância de certas mudanças e repetições, como um linguista que se encontrasse diante de uma língua desconhecida.

III.2.4. A prova de comutação fornece, em princípio[69], unidades significativas, isto é, fragmentos de sintagmas dotados de um sentido necessário; são ainda, por ora, *unidades sintagmáticas*, já que não as classificamos ainda: mas é certo que já são também unidades sistemáticas, pois cada uma delas faz parte de um paradigma virtual:

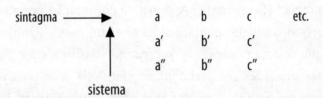

Observaremos, por enquanto, essas unidades do ponto de vista sintagmático, unicamente. Em Linguística, a prova de comutação fornece um primeiro tipo de unidades: as *unidades significativas*, todas dotadas de uma face significante e uma

---

69 Em princípio, pois é preciso reservar o caso das unidades distintivas da segunda articulação; cf. *infra*, mesmo parágrafo.

Sintagma e Sistema

face significada (os monemas, ou num termo mais aproximativo, as palavras, elas próprias compostas de lexemas e morfemas); mas, por causa da dupla articulação da linguagem humana, uma segunda prova de comutação, desta vez dirigida aos monemas, faz aparecer um segundo tipo de unidades: as unidades distintivas (os fonemas)[70]. Essas unidades não têm sentido em si, mas concorrem, todavia, para o sentido, porquanto a comutação de uma delas acarreta, para o monema de que faz parte, uma mudança de sentido (a comutação de /s/ por /z/ acarreta a passagem de "caça" à "casa"[71]. Em Semiologia, não podemos prever unidades sintagmáticas que a análise descobrirá para cada sistema. Contentar-nos-emos aqui com a previsão de três espécies de problemas. O primeiro concerne à existência de sistemas complexos e, portanto, de sintagmas combinados: um sistema de objetos, como a comida ou o vestuário, pode achar-se substituído por um sistema propriamente linguístico (a língua portuguesa); neste caso, temos um sintagma escrito (a cadeia falada) e um sintagma indumentário ou alimentar *visado* pelo sintagma escrito (a roupa ou o cardápio relatados pela língua): as unidades dos dois sintagmas não coincidem necessariamente: uma unidade do sintagma alimentar ou indumentário pode ser veiculada por uma reunião de unidades escritas. O segundo problema é colocado pela existência; nos sistemas semiológicos, de *funções-*

---

70 Cf. *supra*, II.1.8.
71 O problema do recorte sintagmático das unidades significativas foi tratado de uma maneira nova por A. Martinet no cap. IV de seus *Eléments*.

-signos, isto é, de signos provenientes de um uso e, em troca, racionalizados por ele[72]; ao contrário da linguagem humana, na qual a substância fônica é imediatamente significante e só significante, a maioria dos sistemas semiológicos comporta indubitavelmente uma matéria que serve também para algo além de significar (o pão serve para alimentar, o vestuário para proteger); pode-se esperar então que, nesses sistemas, a unidade sintagmática seja compósita e contenha pelo menos um suporte da significação e um variante propriamente dito (*saia comprida/curta*). Não é impossível, enfim, que encontremos sistemas de certo modo "erráticos", nos quais espaços inertes de matéria suportassem aqui e acolá signos não somente descontínuos, mas ainda separados: os sinais do código de trânsito "em ato" são separados por longos espaços insignificantes (fragmentos de estradas ou ruas); poderíamos falar então de sintagmas (provisoriamente) mortos[73].

III.2.5. Assim que se definiram as unidades sintagmáticas para cada sistema, resta reencontrar as regras que lhes presidem a combinação e arranjo ao longo do sintagma: os monemas na linguagem, as peças do vestuário numa roupa, os pratos num cardápio, os sinais rodoviários ao longo de uma estrada sucedem-se numa ordem que permanece sujeita a certas pressões: a combinação dos signos é livre, mas a liberdade de que gozam, e que constitui a "fala", permanece

---

72   Cf. *supra*, II.1.4.
73   É talvez o caso geral dos signos de conotação (*infra*, cap. IV).

Sintagma e Sistema

como uma liberdade vigiada (eis porque, uma vez mais, não se deve confundir o sintagma com a sintaxe). Na verdade, o arranjo é a própria condição do sintagma: "o sintagma é um grupo qualquer de signos heterofuncionais; é sempre (pelo menos) binário e seus dois termos estão numa relação de condicionamento recíproco" (Mikus)[74]. Podemos imaginar vários modelos de pressões combinatórias (de "lógica" do signo); vamos citar aqui, a título de exemplo, os três tipos de relações que, segundo Hjelmslev, duas unidades sintagmáticas podem contrair quando são contíguas: 1) de *solidariedade*, quando se implicam necessariamente entre si; 2) de *implicação simples*, quando uma induz à outra (mas não reciprocamente); 3) de *combinação*, quando nenhuma induz à outra. As pressões combinatórias são fixadas pela "língua", mas a "fala" as realiza diversamente: subsiste, pois, uma liberdade de associação das unidades sintagmáticas. Para a linguagem, Jakobson fez notar que o falante goza de uma crescente liberdade de combinação das unidades linguísticas, do fonema até a frase: a liberdade de construir paradigmas de fonemas é nula, pois o código é estabelecido aqui pela língua; a liberdade de reunir fonemas em monemas é limitada, pois há "leis" de criação das palavras, a liberdade de combinar "palavras" em frases é real, embora circunscrita pela sintaxe

---

74 Falando sumariamente, uma exclamação (*oh*) pode parecer constituir um sintagma de unidade simples, mas, na verdade, a fala deve ser aqui recolocada em seu contexto: a exclamação é resposta a um sintagma "silencioso" (cf. K. L. PIKE: *Language in Relation to a Unified Theory of the Structure Human Behavior*, Glendale, 1951).

e, eventualmente, pela sujeição a estereótipos; a liberdade de combinar frases é a maior que existe, pois não há mais pressões no nível da sintaxe (as pressões de coerência mental do discurso que podem subsistir não são mais de ordem linguística). A liberdade sintagmática está ligada evidentemente ao aleatório: há probabilidades de saturação de certas formas sintáticas por certos conteúdos: o verbo *latir* só pode ser saturado por um número reduzido de indivíduos; no interior de uma roupa, a saia é fatalmente "saturada" por uma blusa, um suéter ou um casaco etc.; esse fenômeno de saturação chama-se *catálise*; pode-se imaginar um léxico puramente formal que desse, não o sentido de cada palavra, mas o conjunto das outras palavras que podem catalisá-la segundo probabilidades evidentemente variáveis, das quais a menos forte corresponderia a uma zona "poética" da palavra (Valle Inclan: "Infeliz daquele que não tem a coragem de reunir duas palavras que jamais foram juntadas").

III.2.6. Uma observação de Saussure indica que é pelo fato de os signos se repetirem que a língua é possível (cf. *supra*, I.1.3); ao longo da cadeia sintagmática, encontra-se, com efeito, certo número de unidades idênticas; a repetição dos signos é todavia corrigida por fenômenos de distância entre as unidades idênticas. Esse problema leva à Linguística Estatística ou Macrolinguística, que é essencialmente uma Linguística do sintagma, sem recurso ao sentido; vimos como o sintagma estava próximo da fala: a Linguística Estatística é uma Linguística das falas (Lévi-Strauss). A distância sintagmática dos signos idênticos não é, entretanto,

Sintagma e Sistema

apenas um problema de Macrolinguística; essa distância pode ser apreciada em termos estilísticos (uma repetição muito próxima ou é estaticamente proibida ou teoricamente recomendada) e torna-se então um elemento do código de conotação.

III.3. O Sistema

III.3.1. O sistema constitui o segundo eixo da linguagem. Saussure o viu sob forma de uma série de *campos associativos*, uns determinados por uma afinidade de som (*ensinamento, armamento*), outros por uma afinidade de sentido (*ensinamento, educação*). Cada campo é uma reserva de *termos* virtuais (pois que um único dentre eles é atualizado no discurso presente): Saussure insiste em *termo* (em vez de *palavra*, unidade de ordem sintagmática), pois, esclarece, uma vez que digamos "termo" no lugar de "palavra", evoca-se a ideia de sistema[75]; a atenção voltada para o sistema, no estudo de qualquer conjunto de signos, atesta sempre, de fato, uma filiação mais ou menos saussuriana; à escola bloomfieldiana, por exemplo, repugna considerar as relações associativas, enquanto, opostamente, A. Martinet recomenda distinguir bem os *contrastes* (relações de continuidade das unidades sintagmáticas), das *oposições* (relações entre os termos do campo associativo)[76].

---

75   SAUSSURE citado por R. GODEL: *Les Sources Manuscrites du Cours de Linguistique Générale de F. de Saussure*, Droz-Minard, 1957, p. 90.
76   A. MARTINET, *Economie des Changements Phonétiques*, Berne, Francke, 1955, p. 22.

Os termos do campo (ou paradigma) devem ser ao mesmo tempo semelhantes e dessemelhantes, comportar um elemento comum e um elemento variante: é o caso, no plano do significante, de *ensinamento* e *armamento*, e, no plano do significado, de *ensinamento* e *educação*. Esta definição dos termos em oposição parece simples; levanta, no entanto, um problema teórico importante; o elemento comum aos termos de um paradigma (-*mento* em *ensinamento* e *armamento*) figura, de fato, como elemento positivo (não diferencial) e esse fenômeno parece, em contradição com as repetidas declarações de Saussure acerca da natureza puramente diferencial, opositiva da língua: "Na língua, só há diferenças sem termos positivos"[77]; "Considerar (os sons) não como sons de valor absoluto, mas de valor puramente opositivo, relativo, negativo (...) Nessa verificação, é preciso ir muito mais longe e considerar qualquer valor da língua como opositivo, absoluto"[78]; e isto, sempre de Saussure, que é mais nítido ainda: "Trata-se de um traço da língua, bem como de qualquer sistema semiológico, em geral, o fato de que nela não possa haver diferença entre o que distingue uma coisa e o que a constitui"[79]. Se a língua é, pois, puramente diferencial, como pode comportar elementos não diferentes, positivos? Na verdade, o que parece o elemento comum de um paradigma é ele próprio *alhures*, em outro paradigma, vale dizer, *segundo outra pertinência,*

---

77   Saussure, citado por Godel, *op. cit.*, p. 55.
78   V. nota anterior.
79   *Ib.*, p. 196.

Sintagma e Sistema

um termo puramente diferencial: para falar sumariamente, na oposição entre *do* e *da*, o *d* é de fato um elemento comum (positivo), mas em *do/no*, torna-se um elemento diferencial: é a pertinência, pois, que, ao limitar a declaração de Saussure, preserva-lhe a justeza[80]: o sentido depende sempre de uma relação *aliud/aliud* que não retém das duas coisas senão a diferença[81]. Esse dispositivo é todavia discutível (apesar do que pensou Saussure a respeito) nos sistemas semiológicos, nos quais a matéria não é originariamente significante e em que, por conseguinte, as unidades compreendem (possivelmente) uma parte positiva (é o *suporte* da significação) e uma parte diferencial, o *variante*; num *vestido comprido/curto*, o sentido indumentário impregna todos os elementos (é por isso que se trata realmente de uma unidade significante), mas o paradigma só compreende, sempre, o elemento final (*comprido/curto*), enquanto o *vestido* (suporte) permanece, na verdade, um valor positivo. A natureza absolutamente diferencial da língua só é provável, então, para a linguagem articulada; nos sistemas secundários (derivados de usos não significantes), a língua é de certo modo "impura": compreende, claro está, o diferencial (da "língua" pura) no nível das variantes, mas também o positivo, no nível dos suportes.

---

80 Cf. a análise de H. Frei dos fonemas em subfonemas, *supra,* II.1.2.

81 O fenômeno é claro na escala de um dicionário (monolíngue): o dicionário parece dar uma definição positiva de uma palavra; todavia, como essa definição, também ela, é composta de palavras que exigem, por sua vez, ser explicadas, a positividade é remetida incessantemente alhures (Cf. J. Laplanche e S. Leclaire: "Inconsciente", *in Temps Modernes*, n. 183, julho, 1961).

III.3.2. A disposição interna dos termos de um campo associativo ou paradigmático chama-se ordinariamente – pelo menos em Linguística e mais precisamente em Fonologia – uma *oposição*; não se trata de uma denominação muito boa, pois, de um lado, pressupõe assaz intensamente o caráter antonímico da relação paradigmática (Cantineau teria preferido *relação* e Hjelmslev *correlação*) e, de outro lado, parece conotar uma relação binária, e não estamos absolutamente seguros de que tal relação funde todos os paradigmas semiológicos. Conservaremos a palavra, no entanto, já que é aceita. Os tipos de oposições são muito variados, como veremos; mas, em suas relações com o plano do conteúdo, uma oposição, qualquer que seja, apresenta sempre a figura de uma *homologia*, como já indicamos a propósito da prova de comutação: o "salto" de um termo da oposição a outro acompanha o "salto" de um significado a outro; é para respeitar o caráter diferencial do sistema que cumpre sempre pensar na relação entre os significantes e os significados em termos, não de simples analogia, mas de homologia de (pelo menos) quatro termos.

Por outro lado, o "salto" de um termo a outro é duplamente alternativo: a oposição entre *bata* e *pata*, apesar de ínfima (b/p), não pode ser trocada em estados imprecisos, intermediários; um som aproximativo situado entre o *b* e o *p* não pode absolutamente remeter a uma substância intermediária entre a *bata* e a *pata*: há dois saltos paralelos: a oposição está sempre situada sob o regime do *tudo ou nada*: reencontramos aqui o princípio da diferença que fundamenta as oposições: é esse princípio que deve inspirar a análise da esfera associativa; tratar de oposições só pode ser de fato observar as relações de semelhança e diferença que podem existir entre os termos das oposições, isto é, bem precisamente: classificá-las.

III.3.3. Sabe-se que a linguagem humana, por ser duplamente articulada, comporta duas espécies de oposições: as oposições distintivas (entre fonemas) e as oposições significativas (entre monemas). Trubetzkoy propôs uma classificação das oposições distintivas, que Cantineau tentou retomar e estender às oposições significativas da língua. Como, à primeira vista, as unidades semiológicas estão mais próximas das unidades semânticas da língua do que de suas unidades fonológicas, daremos aqui a classificação de Cantineau, pois mesmo que não possa ser facilmente aplicada (depois) às oposições semiológicas, tem a vantagem de chamar a atenção para os principais problemas colocados pela estrutura das oposições[82]. À primeira vista, num sistema semântico (e não mais fonológico), as oposições são inumeráveis, visto que cada significante parece opor-se a todos os outros; será possível, todavia, um princípio de classificação, se tomarmos

---

82   *Cahiers Ferdinand de Saussure*, IX, pp. 11-40.

por guia uma *tipologia das relações entre o elemento semelhante e o elemento diferente da oposição*. Cantineau obtém assim os seguintes tipos de oposição – que aliás podem combinar-se[83]:

A. OPOSIÇÕES CLASSIFICADAS CONFORME SUAS RELAÇÕES COM O CONJUNTO DO SISTEMA

A 1. *Oposições bilaterais e multilaterais.* Nestas oposições, o elemento comum aos dois termos ou "base de comparação" não se encontra em nenhuma das outras oposições do código (*oposições bilaterais*) ou, ao contrário, acha-se em outras oposições do código (*oposições multilaterais*). Seja o alfabeto latino escrito: a oposição das figuras E/F é bilateral, porque o elemento comum F não se encontra em nenhuma outra letra[84]; a oposição P/R, ao contrário, é multilateral, pois encontramos a forma P (ou elemento comum) em B.

A.2. *Oposições proporcionais e isoladas.* Nessas oposições, a diferença constitui-se numa espécie de modelo. Assim: *Mann/Männer* e *Land/Länder* são oposições proporcionais; do mesmo modo: *(nós) dizemos/(vocês) dizem* e *(nós) fazemos/(vocês) fazem*. As

---

83 Todas as oposições apresentadas por Cantineau são binárias.
84 Também é uma oposição privativa.

Sintagma e Sistema

oposições que não são proporcionais são isoladas; são evidentemente as mais numerosas; em Semântica, só as oposições gramaticais (morfológicas) são proporcionais: as oposições de vocabulário são isoladas.

B. OPOSIÇÕES CLASSIFICADAS CONFORME A RELAÇÃO ENTRE OS TERMOS DA OPOSIÇÃO

B.1. *Oposições privativas.* São as mais conhecidas. A oposição privativa designa qualquer oposição em que o significante de um termo é caracterizado pela presença de um elemento significativo ou *marca*, que falta ao significante do outro: trata-se, pois, da oposição geral: *marcado/não marcado*: *comia* (sem indício de pessoa ou número): termo não marcado; *comíamos* (primeira pessoa do plural): termo marcado. Essa disposição corresponde em Lógica à relação de inclusão. Ligaremos aqui dois problemas importantes. O primeiro concerne à *marca*. Certos linguistas assimilaram a marca ao excepcional e fizeram intervir um sentimento de normalidade para julgar o termo *não marcado*; o *não marcado* seria o que é frequente ou banal, ou ainda derivado do *marcado* por corte subsequente; chegamos assim à ideia de *marca negativa* (o que se corta): na língua, os termos não marcados são, com efeito, mais frequentes do que os termos marcados (Trubetzkoy, Zipf); Cantineau considera destarte que *rond* é marcado em relação a *ronde*, que não o é[85]; é que Cantineau, na verdade, faz intervir o conteúdo, segundo o qual o masculino aparece como marcado em relação ao feminino. Para Martinet, ao contrário, a marca é literalmente um elemento significante *a mais*; isto não impede absolutamente, no caso do *masculino/ feminino*, o paralelismo normalmente existente entre a marca do significante e a do significado: "masculino" corresponde, de fato, à uma indiferença dos sexos, a uma espécie de generalidade abstrata ("música é *bom* para o espírito", "é *proibido* a entrada"); diante do que o feminino é bem marcado: marca semântica e marca formal vão com efeito de par: onde queremos dizer mais, acrescentamos um signo suplementar[86]. O segundo problema colocado pelas oposições privativas é o do termo não marcado: chama-se *grau zero* da oposição; o grau zero não é, pois, a bem dizer, um nada (contrassenso corrente, no entanto), *é uma ausência que significa*; atingimos aqui um estado diferencial puro; o grau zero demonstra o poder de qualquer sistema de signos que, destarte, fabrica sentido "com nada": "a

---

85   Seria o caso, em português, de *lutador* (marcado)/*lutadora* (não marcado), *chinês* (marcado)/*chinesa* (não marcado), *cru* (marcado)/*crua* (não marcado). (N. do T.)

86   A economia linguística pretende que haja uma relação constante entre a quantidade de informação a transmitir e a energia (o tempo) necessária a essa transmissão (A. MARTINET, *Travaux de l'Institut de Linguistique*, I, p. 11).

Sintagma e Sistema

língua pode contentar-se com a oposição de alguma coisa com nada"[87]. O conceito de grau zero, oriundo da Fonologia, é de uma grande riqueza de aplicação; em Semântica, em que se conhecem *signos-zero* ("fala--se de 'signo-zero' no caso em que a ausência de um significante explícito funciona, ela própria, como um significante")[88] em Lógica ("A está num estado zero, isto é, A não existe efetivamente, mas sob certas condições podemos fazê-lo aparecer"[89]); em Etnologia, em que Claude Lévi-Strauss pôde confrontá-lo com a noção de maná: "um fonema zero tem por função própria opor-se à ausência do fonema [...] Poderíamos dizer igualmente [...] que a função das noções de tipo 'maná' é de opor-se à ausência de significação sem comportar por si mesma nenhuma significação particular"[90]; em Retórica, finalmente, quando o vazio dos significantes retóricos, levado ao nível do plano da conotação, constitui, por sua vez, um significante estilístico[91].

B.2. *Oposições equipolentes.* Nestas oposições, cuja ligação seria, em Lógica, uma relação de exterioridade, ambos os termos são equivalentes, isto é, não podem

---

87 Saussure, *Cours de Linguistique Générale*, p. 124 [trad. brasileira cit., p. 102].
88 H. Frei, *Cahiers de Ferdinand de Saussure*, XI, p. 35.
89 Destouches, *Logistique*, p. 73.
90 Claude Lévi-Strauss: "Introduction à l'œuvre de M. Mauss", in M. Mauss: *Sociologie et Anthropologie*, P. U. F., 1950, L, nota.
91 R. Barthes: *Le Degré Zéro de l'Écriture*, Seuil, 1953.

ser considerados como a negação e a afirmação de uma particularidade (oposições privativas): em *foot-feet*, não há marca nem ausência de marca. Essas oposições são semanticamente as mais numerosas, embora a língua, por economia, cuide de substituir amiúde as oposições equipolentes por oposições privativas, primeiro porque nestas a relação entre a semelhança e a diferença é bem equilibrada e depois porque permitem construir séries proporcionais (*leitão/leitoa, patrão/patroa* etc.), enquanto *cavalo/égua*, oposição equipolente, não tem derivação[92].

C. Oposições classificadas conforme a extensão de seu valor diferenciativo

C.1. *Oposições constantes.* É o caso dos significados que têm *sempre* significantes diferentes: (*que eu*) *coma/* (*que nós*) *comamos*; a primeira pessoa do singular e a do plural têm significantes diferentes, em português, em todos os verbos, em todos os tempos e modos.

C.2. *Oposições suprimíveis ou neutralizáveis.* É o caso dos significados que não têm sempre significantes diferentes, de modo que ambos os termos da oposição podem ser idênticos às vezes: à oposição semântica

---

92   Em *cavalo/égua*, o elemento comum está situado no plano do significado.

3ª pessoa do singular/3ª pessoa do plural correspondem significantes ora diferentes (*tinha/tinham*), ora idênticos (fonicamente) (*tem/têm*).

III.3.4. Que podem tornar-se esses tipos de oposições em Semiologia? É naturalmente demasiado cedo para dizê-lo, pois o plano paradigmático de um novo sistema não pode ser analisado sem um grande inventário. Nada nos diz que os tipos estabelecidos por Trubetzkoy e em parte retomados[93] por Cantineau possam concernir a outros sistemas além da língua: novos tipos de oposições serão concebíveis sobretudo se admitirmos sair do modelo binário. Tentaremos, no entanto, esboçar aqui uma confrontação entre os tipos de Trubetzkoy e Cantineau e o que se pode saber de dois sistemas semiológicos muito diferentes: o código rodoviário e o sistema da moda. No código rodoviário, encontraremos oposições multilaterais proporcionais (todas as que, por exemplo, são construídas sobre a variação das cores dentro da oposição entre o disco e o triângulo), privativas (quando uma marca acrescentada acarreta a variação do sentido de um disco, por exemplo) e constantes (os significados têm sempre aí significantes diferentes), mas não se encontrarão absolutamente equipolentes ou suprimíveis; essa economia é compreensível; o código rodoviário deve ser de uma legibilidade imediata e sem ambiguidade, sob pena de acidentes; elimina, pois, as

---

93   Cantineau não conservou as *oposições graduais*, postuladas por Trubetzkoy (em alemão: *o/o* e *ü/ö*).

oposições que exigem maior tempo de intelecção, seja porque escapem ao paradigma propriamente dito (oposições equipolentes), seja porque permitam escolher dois significados sob um só significante (oposições suprimíveis). No sistema da moda[94] que, ao contrário, tende à polissemia, encontramos todos os tipos de oposições, salvo é claro, as oposições bilaterais e as oposições constantes, que teriam por efeito acentuar a particularidade e a rigidez do sistema. A Semiologia, no sentido exato do termo, isto é, como ciência extensiva a todos os sistemas de signos, poderá então tirar proveito da distribuição geral dos tipos de oposições através dos sistemas: observação esta que permanecerá sem objeto no nível da linguagem apenas. Mas sobretudo, a extensão da pesquisa semiológica nos levará provavelmente a estudar – sem poder talvez reduzi-las – relações paradigmáticas seriais e não somente opositivas, pois não é certo que diante de objetos complexos, muito envolvidos numa matéria e em usos, possamos conduzir o jogo do sentido à alternativa de dois elementos polares ou à oposição entre uma marca e um grau zero. Isso faz lembrar que o mais debatido problema paradigmático é o do *binarismo*.

III.3.5. A importância e a simplicidade da oposição privativa (*marcado/não marcado*), alternativa por definição, levaram à indagação de se não deveríamos reunir todas as oposições conhecidas sob o modelo binário (por presença ou

---

94   Cf. R. Barthes: *Système de la Mode*, Paris, Seuil, 1967.

Sintagma e Sistema

ausência de uma marca), ou melhor, se o binarismo não seria um fato universal; e, por outro lado, se, por ser universal, não se fundamentaria naturalmente. Quanto ao primeiro ponto, é certo que o binarismo constitui fato muito geral; é um princípio reconhecido há séculos o de que a informação pode ser veiculada por um código binário, e a maioria dos códigos artificiais, inventados por sociedades muito diversas, foram binários, desde o *bush telegraph* (e principalmente o *talking drum* das tribos congolesas, de duas notas) até o alfabeto Morse e os atuais desenvolvimentos do "digitalismo", ou códigos alternativos de *digits*, na Mecanografia e na Cibernética. Para deixar, no entanto, o plano das "logotécnicas" e voltar ao dos sistemas não artificiais, que nos interessa aqui, a universalidade do binarismo já nele se mostra muito mais incerta. Fato paradoxal, pois o próprio Saussure jamais concebeu o campo associativo como binário; para ele, os termos do campo não se dispõem nem em número finito nem em ordem determinada[95]: "Um termo dado é como o centro de uma constelação, o ponto para onde convergem outros termos coordenados, cuja soma é indefinida"[96]; a única restrição suscitada por Saussure concerne aos paradigmas

---

95 Não trataremos aqui da questão da ordem dos termos num paradigma; para Saussure, essa ordem é indiferente, para Jakobson, ao contrário, numa flexão, o nominativo ou caso-zero é o caso inicial (*Essais...*, p. 71). Esta questão poderá tornar-se muito importante quando se estudar, por exemplo, a metáfora como paradigma de significantes e for preciso decidir-se se um dos termos da série metafórica tem uma preexcelência qualquer. (Cf. R. Barthes, "La Métaphore de l'Oeil", in *Critique*, 195-196, agosto-setembro, 1963, e *Essais Critiques*, Seuil, 1964) [Incluído em *Crítica e Verdade*, cit.].
96 *Cours de Linguistique Générale*, p. 174 [Trad. brasileira cit. p. 146.].

de flexão que constituem séries finitas, evidentemente. Foi a Fonologia que chamou a atenção para o binarismo da linguagem (somente no nível da segunda articulação, na verdade); seria absoluto esse binarismo? Jakobson assim pensa[97]: segundo ele, os sistemas fonéticos de todas as línguas poderiam descrever-se por meio de uma dúzia de traços distintivos, todos binários, isto é, presentes ou ausentes (ou, eventualmente, não pertinentes); esse universalismo binário foi discutido e matizado por Martinet[98]: as oposições binárias são a maioria, não a totalidade; não é certa a universalidade do binarismo. Discutido em Fonologia, inexplorado em Semântica, o binarismo é a grande incógnita da Semiologia, cujos tipos de oposições não se referenciaram ainda; para dar conta das oposições complexas, pode-se evidentemente recorrer ao modelo criado pela Linguística e que consiste numa alternativa "complicada", ou oposição de quatro termos: dois termos polares (*isto ou aquilo*), um termo misto (*isto e aquilo*) e um termo neutro (*nem isto nem aquilo*); estas oposições, embora atenuadas em relação à oposição privativa, não dispensarão, sem dúvida, colocar-se o problema dos paradigmas *seriais* e não mais somente opositivos: a universalidade do binarismo ainda não está fundamentada. Tampouco seu "natural" (eis o segundo ponto em que se presta à discussão); é muito sedutor fundar o binarismo geral dos códigos em dados fisiológicos, na medida em que se possa crer que

---

97 *Preliminaries to Speech Analysis*, Cambridge, Mass., 1952.
98 *Économie des Changements Phonétiques*, 3, 15, p. 73.

Sintagma e Sistema

a percepção neurocerebral funcione, também ela, por tudo ou nada, com a vista e o ouvido, sobretudo, operando por exclusão de alternativa[99]; edificar-se-ia assim, da natureza à sociedade, uma vasta tradução "digital", e não mais "analógica", do mundo; mas nada disso tudo é certo. Na verdade, e para concluir brevemente acerca do binarismo, podemos indagar se não se trata de uma classificação ao mesmo tempo necessária e transitória: também o binarismo seria uma metalinguagem, uma taxinomia particular destinada a ser arrastada pela História, de que terá sido um justo momento.

III.3.6. Para dar conta dos principais fatos de sistema, resta dizer duas palavras acerca da *neutralização*; este termo designa, em Linguística, o fenômeno pelo qual uma oposição pertinente perde sua pertinência, isto é, deixa de ser significante. De modo geral, a neutralização de uma oposição sistemática produz-se sob o efeito do contexto: é, pois, de certo modo, o sintagma que "anula" o sistema. Em Fonologia, por exemplo, a oposição de dois fonemas pode achar-se aniquilada em consequência da posição de um dos termos na cadeia falada: em francês, há normalmente oposição entre *é* e *e*, quando um destes termos se encontra em final (*j'aimai/j'aimais*); essa oposição deixa de ser pertinente em todas as outras posições: ela se neutraliza; inversamente, a oposição

---

99   Os sentidos mais rudimentares, como o odor e o gosto, permaneceriam "analógicos". Cf. V. BELEVITCH, *Langages des Machines et Langage Humain*, pp. 74-75.

Roland Barthes

pertinente *ó/õ* (*saute/sotte*) neutraliza-se em final, onde não se tem mais do que um som *ó* (*pot, mot, eau*); os dois traços neutralizados estão, de fato, reunidos sob um som único chamado arquifonema, que se escreve com uma maiúscula: *é/è* = E; *ó/ò* = O[100]. Em Semântica, a neutralização só foi objeto de algumas sondagens, visto que o "sistema" semântico ainda não está estabelecido: G. Dubois[101] observa que uma unidade semântica pode perder seus traços pertinentes em certos sintagmas; por volta de 1872, em expressões como: *emancipação dos trabalhadores, emancipação das massas, emancipação do proletariado*, podemos comutar as duas partes da expressão sem mudar o sentido da unidade semântica complexa. Em Semiologia, para esboçar uma teoria da neutralização, é preciso, uma vez mais, esperar a reconstituição de certo número de sistemas: alguns excluíram talvez radicalmente o fenômeno: por sua própria finalidade, que é a intelecção imediata e sem ambiguidade um pequeno número de signos, o código rodoviário não pode tolerar neutralização alguma. A moda, ao contrário, com suas tendências polissêmicas (e pansêmicas mesmo) conhece numerosas neutralizações: enquanto aqui a *malha* remete ao mar e o *suéter* à montanha, lá se falará de uma *malha* ou de um *suéter* para o mar; perde-se a pertinência *suéter/malha*[102]: ambas as pe-

---

100 Em português, temos oposição pertinente em *selo/silo* (e – i), mas neutralizado em posição átona final: *jure/júri*. (N. do T.)

101 *Cahiers de Lexicologie*, 1, 1959 ("Unité sémantique complexe et neutralisation").

102 É evidentemente o *discurso* do Jornal da Moda que opera a neutralização; esta consiste, em suma, em passar da disjunção exclusiva do tipo AUT (malha *ou então* suéter) à disjunção exclusiva do tipo VEL (malha *ou indiferentemente* suéter).

Sintagma e Sistema

ças são absorvidas numa espécie de "arquivestema" do tipo "lanifício". Podemos dizer que, ao menos na hipótese semiológica (isto é, sem levar em conta problemas próprios da segunda articulação, a das unidades puramente distintivas), há neutralização quando dois significantes se estabelecem sob a sanção de um só significado ou reciprocamente (pois poderá haver neutralizações de significados). Duas noções úteis devem ser ligadas ao fenômeno: a primeira é a de *campo de dispersão* ou *margem de segurança*; o campo de dispersão é constituído pelas variedades de execução de uma unidade (de um fonema, por exemplo), enquanto essas variedades não acarretem uma mudança de sentido (isto é, não passem para a categoria de variações pertinentes); as "bordas" do campo de dispersão são suas margens de segurança; eis uma noção pouco útil, quando se trata de um sistema em que a "língua" é muito forte (no sistema do automóvel, por exemplo), mas que é muito preciosa quando uma "fala" abundante vem multiplicar as ocasiões de execução: em comida, por exemplo, poderemos falar do campo de dispersão de um prato, que será constituído pelos limites nos quais esse prato permanece significante, sejam quais forem as "fantasias" de seu executante. As variedades que compõem o campo de dispersão são quer *variantes combinatórias*, quando dependem da combinação dos signos, vale dizer, do contexto imediato (o *d* de *nada* e o de *funda* não são idênticos, mas a variação não incide no sentido), quer *variantes individuais* ou *facultativas* (em francês, por exemplo, seja você borgonhês ou parisiense, isto é, quer execute o *r roulé* ou *grasseyé*[103], você se fará entender da mesma maneira; a variação destes dois *rr* é combinatória, não pertinente). Durante muito tempo, consideraram-se tais variantes como fatos de fala; desta estão muito próximas, de fato, mas são tidas agora por fatos de língua, porquanto são "obrigadas". É provável que, em Semiologia, em que os estudos de conotação terão um lugar bem amplo, as variantes não pertinentes tornem-se uma noção central: com efeito, as variantes, que são in-significantes no plano da denotação (*r* vibrante e *r* velar, por exemplo), podem tornar--se de novo significantes no plano da conotação: *r* vibrante e *r* velar remeterão então a dois significados distintos: na língua do teatro, um significará "o borgonhês" e o outro "o parisiense", sem que deixem de ser insignificantes no sistema denotado[104]. Tais são as primeiras implicações da neutralização. De modo geral, a neutralização representa uma espécie de pressão do sintagma sobre o sistema e sabe-se que o sintagma, próximo da fala, é, em certa medida, um fator de "defecção" do sentido: os sistemas mais fortes (como o código rodoviário) têm sintagmas pobres; os grandes complexos sintagmáticos (como a imagem) tendem a tornar ambíguo o sentido.

---

103 O *r grasseyé* é uma vibrante uvular, enquanto o *r roulé* é uma vibrante anterior, rolada, múltipla. (N. do T.)

104 Exemplo semelhante, no Brasil, seria o caso das variantes da vibrante apical simples /r/: 1) fricativa dorsovelar, ou *r* "carioca", que significaria o "carioca"; 2) retroflexa, ou *r* "caipira", que significaria o "paulista" de certa área linguística do interior do Estado de São Paulo. (N do T.)

III.3.7. Sintagma, Sistema: tais são os dois planos da linguagem. Ora, se bem que seu estudo esteja apenas indicado aqui e ali, cumpre prever que se explorará um dia, em profundidade, o conjunto dos fenômenos pelos quais um plano transborda no outro, de modo até certo ponto "teratológico" no que diz respeito às relações normais entre o sistema e o sintagma: o modo de articulação dos dois eixos de fato "perverte-se", às vezes, com determinado paradigma estendendo-se por exemplo em sintagma: há transgressão da partilha ordinária *sintagma/sistema* e é provavelmente em torno desta transgressão que se situa um importante número de fenômenos criativos, como se houvesse talvez junção entre o estético e as defecções do sistema semântico. A primeira transgressão é evidentemente a extensão de um paradigma ao plano sintagmático, visto que, normalmente, um só termo da oposição está atualizado, enquanto o outro (ou os outros) permanece virtual: é o que aconteceria se, falando sumariamente, tentássemos elaborar um discurso colocando todos os termos de uma mesma declinação, de ponta a ponta. A questão dessas extensões sintagmáticas já fora suscitada em Fonologia, quando Trnka, bastante corrigido por Trubetzkoy, estabeleceu que, dentro de um morfema, dois termos paradigmáticos de um par correlativo não podem encontrar-se lado a lado. Mas é em Semântica, evidentemente, que a normalidade (à qual se refere, em Fonologia, a lei de Trnka) e suas transgressões podem ter maior interesse, pois estamos aqui no plano das unidades significativas (e

Roland Barthes

não mais distintivas) e o transbordamento dos eixos da linguagem acarreta aí uma subversão aparente do sentido. Eis, desse ponto de vista, três direções que será preciso explorar. Diante das oposições clássicas, chamadas de *presença*, J. Tubiana[105] propõe reconhecer oposições de *arranjo*: duas palavras apresentam os mesmos traços, mas o arranjo desses traços difere de uma para outra: *pala/lapa*; *pata/tapa*; *passo/sapo*. Essas oposições formam a maioria dos jogos de palavras, trocadilhos e triquestroques; em suma, partindo de uma oposição pertinente (*Anita/atina*), basta suprimir a barra de oposição paradigmática para obter um sintagma estranho (*Anita atina* serviria de título para um artigo de jornal); esta supressão repentina da barra assemelha-se muito à retirada de uma espécie de censura estrutural, e não se pode deixar de aproximar esse fenômeno do sonho, como produtor ou utilizador de jogos de palavras[106]. Outra importante direção a ser explorada: a rima; a rima forma uma esfera associativa no nível do som, isto é, dos significantes: há paradigmas de rimas; em relação a esses paradigmas, o discurso rimado é evidentemente constituído por um fragmento de sistema estendido em sintagma; a rima coincidiria, em suma, com uma transgressão da lei de distância do sintagma-sistema (lei de Trnka); ela corresponderia a uma tensão voluntária entre o afim e o dessemelhante, a uma espécie de escândalo

---

105 *Cahiers Ferdinand de Saussure*, IX, pp. 41-46.
106 No original francês, o exemplo é *félibres/fébriles*. *Félibres* é a designação dos poetas provençais. Outro exemplo em português: *A pata tapa* (*pata/tapa*). (N. do T.)

estrutural. A Retórica inteirinha, enfim, será sem dúvida o domínio dessas transgressões criativas; se lembrarmos a distinção de Jakobson, compreenderemos que qualquer série metafórica é um paradigma sintagmatizado e qualquer metonímia um sintagma cristalizado e absorvido num sistema; na metáfora, a seleção torna-se contiguidade e, na metonímia, a contiguidade torna-se campo de seleção. Parece, pois, que é sempre na fronteira dos dois planos que se ensaia a criação.

IV
Denotação
e
Conotação

IV.1. Lembremos que qualquer sistema de significação comporta um plano de expressão (E) e um plano de conteúdo (C) e que a significação coincide com a relação (R) entre os dois planos: E R C. Vamos supor agora que tal sistema E R C se torne, por sua vez, o simples elemento de um segundo sistema, que lhe será assim extensivo; estaremos então às voltas com dois sistemas de significação imbricados um no outro, mas também desengatados, um em relação a outro. Todavia, o "desengate" dos dois sistemas pode fazer-se de duas maneiras inteiramente diferentes, segundo o ponto de inserção do primeiro sistema no segundo, dando lugar assim a dois conjuntos opostos. No primeiro caso, *o primeiro sistema (E R C) torna-se o plano de expressão ou significante do segundo sistema*:

$$2 \quad E \quad R \quad C$$
$$1 \quad \overbrace{ERC}$$

ou ainda (E R C) R C. Trata-se do que Hjelmslev chama a *Semiótica conotativa*; o primeiro sistema constitui então o plano de *denotação* e o segundo sistema (extensivo ao primeiro) o plano de *conotação*. Diremos, pois, que *um sistema conotado é um sistema cujo plano de expressão é, ele próprio, constituído por um sistema de significação*; os casos correntes de conotação serão evidentemente constituídos por sistemas complexos, cuja linguagem articulada forma o primeiro sistema (é o caso da Literatura, por exemplo). No segundo caso (oposto) de desengate, *o primeiro sistema (E R C) torna-se, não o plano de expressão, como na conotação, mas o plano de conteúdo ou significado do segundo sistema*:

$$\frac{2}{1} \quad \frac{E \quad R \quad C}{\overset{\frown}{ERC}}$$

ou ainda: ER (E R C). É o caso de todas as *metalinguagens*: *uma metalinguagem é um sistema cujo plano do conteúdo, é, ele próprio, constituído por um sistema de significação; ou ainda, é uma Semiótica que trata de uma Semiótica*. Tais são as duas vias de amplificação dos sistemas duplos:

Se		So
Se	So	

Conotação

Se		So
	Se	So

Metalinguagem

IV.2. Os fenômenos de conotação ainda não foram estudados sistematicamente (encontrar-se-ão algumas indicações nos *Prolegomena* de Hjelmslev). Todavia, o futuro sem dúvida pertence a uma Linguística da conotação, pois a sociedade desenvolve incessantemente, a partir do sistema primeiro que lhe fornece a linguagem humana, sistemas de segundos sentidos, e essa elaboração, ora ostentada, ora mascarada, racionalizada, toca muito de perto uma verdadeira Antropologia Histórica. A conotação, por ser ela própria um sistema, compreende significantes, significados e o processo que une uns aos outros (significação), e é o inventário destes três elementos que se deveria primeiro empreender para cada sistema. Os significantes de conotação, que chamaremos *conotadores*, são constituídos por *signos* (significantes e significados reunidos) do sistema denotado;

Denotação e Conotação

naturalmente, vários signos denotados podem reunir-se para formar um só conotador – se for provido de um só significado de conotação; ou melhor, as unidades do sistema conotado não têm forçosamente o mesmo tamanho que as unidades do sistema denotado; grandes fragmentos de discurso denotado podem constituir uma única unidade do sistema conotado (é o caso, por exemplo, do *tom* de um texto, feito de múltiplas palavras, mas que remete, todavia, a um só significado). Seja qual for o modo pelo qual a conotação "vista" a mensagem denotada, ela não a esgota: sempre sobra "denotado" (sem o quê o discurso não seria possível) e os conotadores afinal são sempre signos descontínuos, "erráticos", naturalizados pela mensagem denotada que os veicula. Quanto ao significado de conotação, tem um caráter ao mesmo tempo geral, global e difuso: é, se se quiser, um fragmento de ideologia: o conjunto das mensagens em português remete, por exemplo, ao significado "Português"; uma obra pode remeter ao significado "Literatura"; estes significados comunicam-se estreitamente com a cultura, o saber, a História; é por eles que, por assim dizer, o mundo penetra o sistema; *a ideologia* seria, em suma, *a forma* (no sentido hjelmsleviano) dos significados de conotação, enquanto a *retórica* seria a forma dos conotadores.

IV.3. Na Semiótica conotativa, os significantes do segundo sistema são constituídos pelos signos do primeiro; na metalinguagem acontece o inverso: os significados do segundo sistema é que são constituídos pelos signos do primeiro.

Hjelmslev precisou a noção de metalinguagem da seguinte maneira: dado que uma *operação* é uma *descrição* fundada num princípio empírico, vale dizer, não contraditório (coerente), exaustivo e simples, a Semiótica científica ou metalinguagem é uma operação, enquanto a Semiótica conotativa não o é. É evidente que a Semiologia, por exemplo, constitui uma metalinguagem, visto que se encarrega, a título de segundo sistema de uma linguagem primeira (ou linguagem-objeto) que é o sistema estudado; e este sistema-objeto é *significado* por meio da metalinguagem da Semiologia. A noção de metalinguagem não deve ficar restrita às linguagens científicas; quando a linguagem articulada, *em seu estado denotado*, se incumbe de um sistema de objetos significantes, constitui-se em "operação", isto é, em metalinguagem: é o caso, por exemplo, do jornal de moda que "fala" as significações do vestuário; caso todavia ideal, pois o jornal não apresenta de ordinário um discurso puramente denotado; temos então aqui, para terminar, um conjunto complexo em que a linguagem, em seu nível denotado, é metalinguagem, mas onde essa metalinguagem, por sua vez, é extraída num processo de conotação:

3	Conotação	Se : Retórica		So : Ideologia
2	Denotação: Metalinguagem	Se	So	
1	Sistema real		Se So	

IV.4. Nada impede, em princípio, que uma metalinguagem se torne, por sua vez, a linguagem-objeto de uma nova metalinguagem; seria o caso da Semiologia, por exemplo, no dia em que fosse "falada" por outra ciência; se se aceitasse definir as Ciências Humanas como linguagens coerentes, exaustivas e simples (princípio empírico de Hjelmslev), isto é, como *operações*, cada nova ciência apareceria então como uma nova metalinguagem que tomaria por objeto a metalinguagem que a precede, muito embora visasse ao real-objeto que está no fundo de suas "descrições"; a história das Ciências Humanas seria assim, em certo sentido, uma diacronia de metalinguagens e cada ciência, inclusive, é claro, a Semiologia, conteria sua própria morte, sob forma da linguagem que a falará. Esta relatividade, interior ao sistema geral das metalinguagens, permite retificar a imagem demasiado segura que se poderia ter, de início, do semiólogo diante da conotação; o conjunto de uma análise semiológica mobiliza ordinariamente, ao mesmo tempo, além do sistema estudado e da língua (denotada) que dele se encarrega mais frequentemente, um sistema de conotação e a metalinguagem de análise que lhe é aplicada; poderíamos dizer que a sociedade, detentora do plano de conotação, fala os significantes do sistema considerado, enquanto o semiólogo fala-lhe os significados; ele parece possuir, pois, uma função objetiva do deciframento (sua linguagem é uma operação) diante do mundo que naturaliza ou mascara os signos do primeiro sistema sob os significantes do segundo; sua objetividade, porém, torna-se provisória pela própria história que renova as metalinguagens.

Conclusão:
A Pesquisa
Semiológica

O objetivo da pesquisa semiológica é reconstituir o funcionamento dos sistemas de significação diversos da língua, segundo o próprio projeto de qualquer atividade estruturalista, que construir um *simulacro* dos objetos, observados[107]. Para empreender essa pesquisa, é necessário aceitar francamente, desde o início (e principalmente no início), um princípio limitativo. Este princípio, mais uma vez oriundo da Linguística, é o princípio de pertinência[108]: decide-se o pesquisador a descrever os fatos reunidos a partir de *um só ponto de vista* e, por conseguinte, a reter, na massa heterogênea desses fatos, só os traços que interessam a esse ponto de vista, com a exclusão de todos os outros (esses traços são chamados *pertinentes*); o fonólogo, por exemplo, só interroga os sons do ponto de vista do sentido que produzem, sem ocupar-se de sua natureza física, articulatória; a pertinência escolhida pela pesquisa semiológica concerne, por definição, à significação dos objetos analisados: interrogamos os objetos unicamente sob a relação de sentido que detêm, sem fazer intervir, pelo menos prematuramente, isto é, antes que o sistema seja reconstituído

---

107   Cf. R. Barthes, "L'activité structuraliste", in *Essais Critiques*. Seuil, 1964, p. 213 [Incluído em *Crítica e Verdade*, ed. cit.].

108   Formulado por A. Martinet, *Eléments...*, p. 37.

tão longe quanto possível, os outros determinantes (psicológicos, sociólogos, físicos) desses objetos; não devemos, é certo, negar esses outros determinantes, cada um dos quais depende de outra pertinência; mas eles próprios devem ser tratados em termos semiológicos, isto é, seu lugar e sua função devem ser situados no sistema do sentido: a moda, por exemplo, tem claramente implicações econômicas e sociológicas: mas o semiólogo não tratará nem da economia nem da sociologia da moda: dirá somente em que nível do sistema semântico da moda, a Economia e a Sociologia encontram a pertinência semiológica: no nível da formação do signo indumentário, por exemplo, ou no das pressões associativas (tabus), ou no do discurso de conotação. O princípio de pertinência acarreta evidentemente para o analista uma situação de *imanência*, pois observa-se um dado sistema do interior. Todavia, como o sistema pesquisado não é conhecido de antemão em seus limites (já que se trata precisamente de reconstituí-lo), a *imanência* só pode ter por objeto, de início, um conjunto heteróclito de fatos que cumprirá "tratar" para conhecer-lhe a estrutura; esse conjunto deve ser definido pelo pesquisador anteriormente à pesquisa: é o corpus. O corpus é uma coleção finita de materiais, determinada de antemão pelo analista, conforme certa arbitrariedade (inevitável) em torno da qual ele vai trabalhar. Se desejarmos, por exemplo, reconstituir o sistema alimentar dos franceses de hoje, será preciso decidir antes acerca do corpo de documentos a ser analisado (cardápios de jornais? cardápios de restaurantes? cardápios reais observados? cardápios "relatados"?) e, tendo

Conclusão

definido esse corpus, deveremos a ele ater-nos rigorosamente: isto é, de um lado, nada acrescentar-lhe no decurso da pesquisa, mas também esgotar-lhe completamente a análise, e qualquer fato incluído no corpus deve reencontrar-se no sistema. Como escolher o corpus sobre o qual vamos trabalhar? Isto depende evidentemente da natureza dos sistemas presumidos: um corpus de fatos alimentares não pode ser submetido aos mesmos critérios de escolha de um corpus de formas automobilísticas. Podemos aqui aventurar-nos tão-somente a duas recomendações gerais. Por um lado, o corpus deve ser bastante amplo para que se possa razoavelmente esperar que seus elementos saturem um sistema completo de semelhanças e diferenças: é certo que, quando dissecamos uma sequência de materiais, ao cabo de certo tempo acabamos por encontrar fatos e relações já referenciados (vimos que a identidade dos signos constituía um fato de língua); esses "retornos" são cada vez mais frequentes, até que não se descubra nenhum material novo: o corpus está então saturado. Por outro lado, o corpus deve ser o mais homogêneo possível; homogeneidade de substância, em primeiro lugar; é claro que se tem interesse em trabalhar com materiais constituídos por uma única e mesma substância, a exemplo do linguista que só trata da substância fônica; assim também, idealmente, um bom corpus alimentar deveria comportar senão um único e mesmo tipo de documentos (os cardápios de restaurantes, por exemplo); a realidade, entretanto, apresenta mais comumente substâncias misturadas; por exemplo, vestuário e linguagem escrita na moda; imagem, música e fala no

Roland Barthes

cinema etc.; aceitaremos, portanto, corpus heterogêneos, mas tendo o cuidado, então, de estudar meticulosamente a articulação sistemática das substâncias envolvidas (sobretudo, de separar bem o real da linguagem que dele se incube), isto é, dar à sua própria heterogeneidade uma interpretação estrutural; em seguida, homogeneidade da temporalidade; em princípio, o corpus deve eliminar ao máximo os elementos diacrônicos; deve coincidir com um estado do sistema, um "corte" da história. Sem entrar aqui no debate teórico acerca de sincronia e diacronia, diremos somente que, de um ponto de vista operatório, o corpus deve abranger tão estritamente quanto possível os conjuntos sincrônicos; preferir-se-á, pois, um corpus variado, mas cingido no tempo, a um corpus estreito, mas de longa duração, e, por exemplo, se se estudam os fatos de imprensa, uma amostragem dos jornais publicados num mesmo momento à coleção de um mesmo jornal editado durante vários anos. Certos sistemas estabelecem, por si mesmos, sua própria sincronia: a moda, por exemplo, que muda de ano em ano; para os outros, é preciso escolher uma temporalidade curta, com o inconveniente de se fazerem depois sondagens na diacronia. Essas escolhas iniciais são puramente operatórias e, em parte, forçosamente arbitrárias: não podemos prever o ritmo de mudança dos sistemas, visto que o objetivo talvez essencial da pesquisa semiológica (isto é, aquilo que será encontrado em último lugar) é precisamente descobrir o tempo próprio dos sistemas, a história das formas.

Bibliografia
Crítica

A Semiologia não pode dar origem, atualmente, a uma bibliografia autônoma: as principais leituras devem ter por objeto os trabalhos dos linguistas, etnólogos e sociólogos que se referem ao estruturalismo ou ao modelo semântico; damos aqui uma seleção restrita de obras cuja leitura pode constituir uma boa iniciação à análise semiológica.

ALLARD (M.), ELZIÈRE (M.), GARDIN (J. C.), HOURS (F.), *Analyse Conceptuelle du Coran sur Cartes Perforées.* Paris, Haia, Mouton & Co., 1963, tomo I, Código, 110 pp.; Tomo II, Comentário, 187 pp.

BARTHES (R.), *Mythologies.* Paris, Seuil, 1957, 270 pp.

BRONDAL (V.), *Essais de Linguistique Générale.* Copenhague, Munksgaard, 1943, XII-172 pp.

BUYSSENS (E.), *Les Langages et le Discours, Essai de Linguistique Fonctionnelle dans le Cadre de la Sémiologie.* Bruxelas, Office de Publicité, 97 pp.

ERLICH (V.), *Russian Formalism.* 's-Gravenhague, Mouton & Co., 1955, XIV-276 pp.

GODEL (R.), *Les Sources Manuscrites du Cours de Linguistique Générale de F. de Saussure.* Genebra, Droz, Paris, Minard, 1957, 283 pp.

GRANGER (G.-G.), *Pensée Formelle et Sciences de l'Homme.* Paris, Aubier, Ed. Montaigne, 1960, 226 pp.

HARRIS (Z. S.), *Methods in Structural Linguistics.* Chicago, Univ. of Chicago Press, 1951, XV-384 pp.

Roland Barthes

HJELMSLEV (L.), *Essais Linguistiques*. Travaux du Cercle Linguistique de Copenhague, vol. XII. Copenhague, Nordisk Sprog-og Kulfurforlag, 1959, 276 pp.

JAKOBSON (R.), *Essais de Linguistique Générale*. Paris, Éd. Du Minuit, 1963, 262 pp. [tradução parcial: R. Jakobson, *Linguística e Comunicação*, trad. de Izidoro Blikstein e José Paulo Paes. S. Paulo, Cultrix, Editora da USP, 1969].

LÉVI-STRAUSS (C.), *Anthropologie Structurale*. Paris, Plon, 1958, II-454 pp.

MARTINET (A.), *Élements de Linguistique Générale*. Paris, A. Colin, 1960, 224 pp.

MOUNIN (G.), *Les Problèms Théoriques de la Traduction*. Paris, Gallimard, 1963, XII-301 pp.

MORRIS (CH. W.), *Signs, Language and Behaviour*. Nova York, Prentice-Hall, Inc., 1946, XIII-365 pp.

PEIRCE (CH. S.), *Selected Writings*, org. J. Buchler. Nova York, Londres, Harcourt, Brace & Co., 1940.

PIKE (K. L.), *Language in Relation to a Unified Theory of the Structure of Human Behavior*. Glendale, Calif., 3 fasc., 1954, 1955, 1960 (170-85-146 pp.).

PROPP (V.), *Morphology of the Folktale*. Intern. Journal of American Linguistics, vol. 24, n. 4, out., 1958, Indiana Univ., X-134 pp.

SAUSSURE (F. DE), *Cours de Linguistique Générale*. Paris, Payot, 4ª ed., 1949, 331 pp. [*Curso de Linguística Geral*, trad. de Antônio Chelini, José Paulo Paes e Izidoro Blikstein. S. Paulo, Cultrix, Editora da USP, 1969].

TRUBETZKOY (N. S.), *Principes de Phonologie*, trad. de J. Cantineau. Paris, Klincksieck, 1957, 1ª ed., 1949, XXXIV-396 pp.

No que toca aos desenvolvimentos recentes da Linguística Estrutural, consulte-se o notável artigo de N. Ruwet: "La Linguistique générale aujourd'hui", *Arch. Europ. de Soc.*, V (1964), 277-310.

Índice Semiológico

Acontecimento (e estrutura): I.2.1

Afasia: I.1.7 e I.1.8

Alimentação: I.2.3 e III.1.3

Analogia: II.4.2

Arbitrariedade: I.2.6 e II.4.2

Arquifonema: III.3.6

Arquitetura: III.1.3

Arranjo (oposições de): III.3.7

Articulação: dupla, II.1.2 e III.2.4; do signo: II.5.2; sintagma: III.2.2

Associativo (plano): III.1.1 e III.3.1

Automóvel: I.2.4

Autonímia: I.1.8

Binarismo: Intr.; II.4.3 e III.3.5

Catálise: III.2.5

Código-Mensagem: I.1.6 e I.1.8

Combinação (como pressão): III.2.5; e fala: I.1.3

Comutação: III.2.3

Conotação: I.1.6, I.2.5, III.3.6 e IV

Conotadores: IV.2

Conteúdo: II.1.3

Contiguidade: III.1.1

Contraste: III.1.1 e III.3.1

Corpus: Concl.

Correlação: III.1.1

Denotação-Conotação: IV

Descontínuo: III.2.2

Descrição: IV.1.3

Diacronia-sincronia: II.5.1

Diferença: I.1.6, I.2.7 e III.3.I

Discurso: I.1.3

Dispersão (campo de): III.3.6

Distância (entre signos): III.2.6

Escritura (e idioleto): I.1.7

Esquema: I.1.5

Estilo: I.1.7

Estruturas duplas: I.1.8

Expressão: II.1.3

Fala: I.1.3; e sintagma: I.1.6 e III.2.1

Forma: II.1.3

Função-signo: II.1.4; III.2.4

Glótica: I.1.4 e III.2.1

Grau zero: III.3.3

Grupo de decisão: I.2.2

Homologia: III.2.3 e III.3.2

Identidade (dos signos): I.1.3 e III.2.6

Ideologia: IV.2

Idioleto: I.1.7 e I.2.3

Imanência: Concl.

Imotivação: II.4.2

Implicação: II.2.5

Inconsciente: I.2.1

Índice: II.1.1

Isologia: II.2.1

Lexia: II.2.3

Liberdade de associação: III.2.5

Língua: I.1.2

Língua/Fala: I

Linguagem animal: II.4.3

Linguística: Intr.

Logotécnica: I.2.6

Macrolinguística: I.2.1 e III.2.6

Marca: III.3.3

Massa falante: I.1.4

Metáfora-metonímia: III.1.2 e III.3.7

Metalinguagem: IV.1 e IV.3

Mobiliário: I.2.4 e III.1.3

Motivação: II.4.2 e 3

Música: II.2.3

Neutralização: III.3.6

Norma: I.1.5

Onomatopeias: II.4.3

Operação: IV.3

Oposições: III.1.1, III.3.1, III.3.2 e III.3.4

Paradigmática: III.1.1

Permutação: III.3.6

Pertinência (e língua): I.1.6; princípio de: Concl.

Pressões (sintagmáticas): III.2.5

Primitivo: II.2.2

Privativa (oposição): III.3.3

Proporcional (oposição): III.3.3

Relação: III.1.1

Retórica: III.3.7 e IV.2

Rima: III.3.7

Segurança (margem de): III.3.6

Semântico-semiológica: II.2.2

Semiótica conotativa: IV.1; científica: IV.3

Shifters: I.1.8

Significação: II.4

Significado: II.2

Significado-Significante: II

Significante: II.3

Signo: II.1 e II.4.1; classificação dos: II.1.1; como moeda: I.1.2 e II.5.1; semiológico: II.4; típico: II.3.1; signo-zero: III.3.3

Símbolo: II.1.1

Índice Semiológico

Similaridade: II.1.1

Simulacro: Concl.

Sinal: II.1.1

Sincronia: Concl.

Sintagma: III.2; cristalizados: I.1.6; e fala: I.1.6, III.2.1 e III.3.6

Sintaxe: III.2.1

Sistema: III.3; complexo: I.2.5

Solidariedade: III.2.5

Substância: e forma: II.1.3; e matéria: II.3.1

Substituição: III.2.3

Subfonemas: I.1.6

Suporte (de significação): I.2.7 e III.3.1

Termo: III.3.1; ordem dos: III.3.5

Texto sem fim: III.2.3

Unidades: significativas e distintivas: II.1.2; sintagmáticas: III.2.4

Uso: I.1.5

Valor: I.1.2 e II.5

Variantes combinatórias: I.1.6 e III.3.6

Vestuário: I.2.2 e III.1.3

Impresso por :

gráfica e editora

Tel.:11 2769-9056